W0109282

Mathias Jung

Wie redest du eigentlich mit mir?

Was unsere Art zu sprechen über uns aussagt

„Was ist herrlicher als Gold?", fragte der König.
„Das Licht", antwortete die Schlange.
„Was ist erquicklicher als Licht?", fragte jener.
„Das Gespräch", antwortete diese.

J. W. Goethe
Das Märchen

Mathias Jung

Wie redest du eigentlich mit mir?

Was unsere Art zu sprechen
über uns aussagt

emu-Verlag

ISBN 978-3-89189-175-9

3. Auflage 2011

Umschlaggestaltung: Martin Gutjahr-Jung
Umschlagfoto: Mauritius Images
Zeichnungen: Andrea Montermann
© 2008 by emu Verlags- und Vertriebs GmbH,
56112 Lahnstein
Alle Rechte, auch die des auszugsweisen Nachdrucks,
der fotomechanischen Wiedergabe und der Übersetzung
vorbehalten.
Gesamtherstellung: Kösel, Krugzell

Inhaltsverzeichnis

Wir kommunizieren miteinander, aber verstehen wir uns?

Heute herrscht Sprachlosigkeit zwischen den Liebenden. Die Partner verwalten meist nur noch geschäftsmäßig ihren Alltag und haben es verlernt, sich ihr wesentliches Erleben mitzuteilen. Wie soll sich in einer solchen versachlichten Beziehung Erotik aufrechterhalten? Weil wir selber für unsere Liebesmisere verantwortlich sind, können wir auch etwas ändern: indem wir den geliebten Menschen ebenso leidenschaftlich und hingebungsvoll beim Wort nehmen, wie wir ihn in die Arme schließen.

Michael Lukas Moeller
Worte der Liebe.
Erotische Zwiegespräche

Die Sprache ist die Quelle aller Missverständnisse. Das Eigentliche ist unsichtbar. Man sieht nur mit dem Herzen gut." Wohl die meisten von uns haben die weise Mahnung des Fuchses aus *Der Kleine Prinz* in Erinnerung behalten. Es ist einer der Schlüsselsätze in Antoine de Saint-Exupérys philosophischem Märchen.

„Im Anfang war das Wort", heißt es bereits in der Bibel, bei Johannes I,1. Das Sprechen markiert den Beginn unserer Kultur. Doch die Bibel findet auch für den Ursprung aller Uneinigkeit zwischen den Völkern ein erschütterndes mythisches Bild: Der Turmbau zu Babel. Die größte Anstrengung der frühen Menschheit scheitert, sie endet in einer kommunikativen Katastrophe. Die Menschen verstehen einander nicht mehr. Was bedeutet das heute noch für uns? Lässt sich etwas von diesen elementaren Erkenntnissen über die Sprache auf unsere Zweierbeziehungen übertragen?

Das sprachlose Paar findet keine Worte mehr. Oder es kommuniziert bald aggressiv-abwertend, dominant-distanzierend, bald unterwürfig, bettelnd oder dramatisierend. Es ist der Ton hinter den Worten, der die Musik macht. Das real existierende Elend hinter einer Partnerbeziehung hat mit der Unfähigkeit seiner Kommunikation zu tun. Über die Hälfte aller Krisen zwischen Frau und Mann resultieren aus Sprachkatastrophen: Der eine weiß nicht, was der andere denkt. Keiner fragt. Jeder stülpt die Projektionen seiner Missverständnisse über den Partner.

Zwar schwätzen wir oft den lieben langen Tag, aber sind Sender und Empfänger wirklich aufeinander eingestellt? Wir kommunizieren miteinander, notgedrungen und fast in jedem Augenblick, aber verstehen wir uns? Im Haus der Sprache gibt es viele Wohnungen: pompöse, karge, funktionelle, kuschelige, gepflegte und verwahrloste. Klar sprechen und gut zuhören ist Arbeit, Beziehungsarbeit. „Man muss sich also selbst einen Reim darauf bilden, dass Gespräche in der Liebe fast eine größere Rolle spielen als alles andere", bemerkt der Dichter Robert Musil (in *Der Mann ohne Eigenschaften*), „sie ist das Gesprächigste aller Gefühle und besteht zum großen Teil ganz aus Gesprächigkeit."

Als Therapeut erlebe ich ständig, wie Paare aneinander vorbeisprechen oder in verbale Fallen stürzen. Ich spüre, wie seelisch vereinsamte Menschen für ihr Ich keine Worte mehr finden. Drei Beispiele mögen dies illustrieren.

Da kommen Joachim und Hannah (Namen, wie alle folgenden, geändert) zu mir. Sie sind voneinander gefrustet. Er will mehr Sex. Sie will Ermutigung und Wertschätzung. Er ist Informatiker in einer Weltfirma. Sie, gelernte Erzieherin, ist wegen der beiden Grundschulkinder zu Hause. Mittlerweile vierzig Jahre alt, wünscht sie, ihren beruflichen Traum zu verwirklichen und zur Ergotherapeutin umzuschulen. In der Sitzung beharrt Joachim hartnäckig auf seinem Thema, der Sexualität. Kein Zweifel, er ist ausgehungert.

Hannah ist eine abweisend und streng wirkende Frau, die ihre Weiblichkeit (noch) nicht entdeckt hat. Joachim: „Das ist eine Schweinerei, wie du mit mir umgehst. Ich bin es leid, um Sex zu betteln. Du versteckst dich ständig hinter der Hausarbeit, statt mit mir zu schlafen. Die Kinder sind immer wichtiger als ich. Auf die Idee, mich einmal zu verführen, kommst du ja überhaupt nicht. Du bist einfach frigid. Ich kriege langsam eine Gänsehaut vor dir. Wenn ich nicht pariere und dir in allen Punkten gehorche, dann strafst du mich wochenlang mit Sexentzug. Du bist ja überhaupt keine richtige Frau."

In diesem Ton geht die Schimpfkanonade weiter. Joachim ist verzweifelt, weil erotisch frustriert. Doch er macht nur Vorwürfe. Er fragt Hannah nicht nach den Gründen ihres körperlichen und seelischen Rückzugs. Er verurteilt sie. Sein Sprechen schneidet wie ein Messer in ihre Seele.

Aber auch Hannah hat nur ein Thema – ihre Berufspläne. Ohne Punkt und Komma lässt sie sich in endloser Rede darüber aus. Hannah: „Ich komme immer zu kurz. Schon als Kind wurde ich als einziges Mädchen unter drei Brüdern ständig benachteiligt. Sie konnten spielen, ich musste beim Abwasch in der Küche helfen oder bügeln. Sie konnten Abitur machen und studieren, ich wurde in eine kaufmännische Lehre abgeschoben. Hätte ich da nicht gemeutert, wäre ich niemals Erzieherin geworden. Jetzt opfere ich mich seit acht Jahren schon für dich und die Kinder auf. Ich stehe immer im Schatten. Du willst nicht, dass ich die Ausbildung zur Ergotherapeutin mache, weil wir dann für die Kinder ein Au-pair-Mädchen anstellen müssten. Das Geld ist dir zu schade. Du bist ein Geizkragen. Mein Leben interessiert dich überhaupt nicht. Du liebst mich nicht."

So geht das weiter im larmoyanten Tonfall. Hannah klagt, beschuldigt und stellt Joachims Liebe in Frage. Massiver geht es nicht. Sie hat keinen Blick für seine Bedürfnisse. Er nimmt ihre Sehnsucht nicht zur Kenntnis. Joachim wird in der symmetrischen Eskalation dieses Streitgespräches in meiner Praxis immer wütender, sie immer erbitterter. Am Ende bricht Hannah, ganz Opferhaltung, in Schluchzen aus. Joachim verbarrikadiert sich hinter hilflosem Schweigen. Ich muss an das Wort des Dichters Friedrich Rückert (1788–1866) denken: „Bei Unverträglichkeit/gedeiht kein Feuer im Haus:/der eine bläst es an,/der andere bläst es aus."

Der Gesprächsstau zwischen Hannah und Joachim löst sich in dem Augenblick auf, als ich die beiden bitte, ihre Stühle zu tauschen und jeweils aus der Position des anderen dessen innere Situation zu artikulieren. Plötzlich sagt Joachim in der Rolle der Hannah: „Ich fühle mich nicht anerkannt. Du lobst mich nicht. Nur deine Arbeit zählt und ist wichtig. Ich bin eine kluge Frau und möchte etwas aus meinem Leben machen. Ich habe Angst, im Haushalt zu verblöden. Ich bin auch neidisch auf meine beruflich erfolgreichen Brüder. In mir steckt so viel drin. Ich möchte es herausholen. Der Stillstand in meinem gegenwärtigen Leben macht mich traurig. Wenn ich alleine bin, weine ich oft." Die zuhörende Hannah ist ergriffen: Sie fühlt sich verstanden. Joachim hat ihre innere Situation einfühlsam und exakt wiedergegeben. In der Kommunikationstheorie sprechen wir hier von der *Kongruenz* einer Mitteilung.

Aber auch Hannah gibt in der Rolle Joachims ein psychologisches Meisterstück ab. Hannah alias Joachim sagt: „Ich rackere mich von morgens bis abends in der Firma ab. Ich habe eine fabelhafte Karriere geschafft. Mit diesem Geld konnte ich auch unser Haus bauen. Die meisten Innenarbeiten habe ich selbst gemacht. Ich hatte drei Jahre keinen Urlaub und war fürchterlich überlastet. Jetzt spare ich für unser Wohnmobil, damit wir alle vier tolle Urlaube machen können. Ich bin doch kein Geizkragen. Wenn ich spare, dann an mir selbst. Bei so viel Einsatz möchte ich von dir auch mit Zärtlichkeit und Erotik belohnt werden. Deine Ausbildungspläne machen mir Angst. Ich fürchte nämlich, du hast dann noch weniger Zeit für mich. Du bist ja eine fabelhafte Mutter, aber auch eine Perfektionistin. Ich liebe dich doch."

Joachim und Hannah waren bewegt. Sie hatten die Sprache des Herzens gefunden. „Die Liebe ist", sagt Rilke, „wenn zwei Einsame sich beschützen, berühren und miteinander reden". Die Regelung des ehelichen Liebeshaushaltes und der Berufspläne regelten Hannah und Joachim im Verlauf der Kurztherapie dann ebenso einfallsreich wie großzügig.

Kommunizieren ohne sich zu verstehen, das macht auch das in der Familientherapie berüchtigte „Drama-Dreieck" aus. Georg und Maria, beide um die fünfundvierzig Jahre alt, haben dieses immer wieder in der Familienkonstellation mit ihrer Tochter Nicola erlebt. Dabei wechseln die drei Akteure blitzschnell ihre Rollen als Verfolger, Retter und Opfer. Das Psychospiel ereignete sich üblicherweise abends und sah folgendermaßen aus: Georg kommt heim. Maria, halbtags tätig, erwartet ihn bereits. Die sechzehnjährige Nicola sitzt vor dem Fernseher. Es herrscht dicke Luft. Maria, aufgebracht: „Nicola war wieder den ganzen Nachmittag bei ihrem Freund. Dabei schwächelt sie in der Schule. Das geht doch nicht!" Georg springt der Tochter als Retter bei. Er sagt zu Maria: „Sei doch nicht so hysterisch. Du warst doch auch einmal verliebt in dem Alter. Da will man halt die ganze Zeit zusammen sein."

Georg mutiert in diesem Augenblick zum „Verfolger" seiner Frau. Nicola, eben noch von Maria verfolgt, wird jetzt selbst zur „Verfolgerin". Nicola zu Maria: „Siehst du, Papa ist nicht so dogmatisch wie du. Du machst ja aus einer Mücke einen Elefanten!". Maria beginnt zu weinen. Sie sagt: „Keiner nimmt mich ernst." Sie verschwindet gekränkt im Schlafzimmer. Jetzt ist sie das Opfer.

Das hat Georg nicht gewollt. Nun knöpft er sich seine Tochter vor und wird wiederum zum „Verfolger": „Da siehst du, was du angestellt hast. Die nächsten drei Tage hast du Hausarrest!". Nun weint Nicola und zieht sich als Opfer Nummer zwei in ihr Mädchenzimmer zurück. Georg, Opfer Nummer drei, sitzt ratlos im Wohnzimmer. Er öffnet verdrossen eine Flasche Bier und knallt sich mit den Worten „Es ist doch immer das gleiche Theater" vor den Fernseher. Georg, Maria und Nicola sind frustriert und fühlen sich als Opfer. Ihre Kommunikation ist miserabel. Und wenn sie nicht gestorben sind, dann schwimmen sie noch heute im Bermudadreieck ihrer havarierenden Gefühle.

Der österreichische Psychologe Paul Watzlawick sagt in einem berühmt gewordenen Diktum: „Man kann nicht *nicht* kommunizieren." Auch die Verweigerung der Kommunikation ist eine Botschaft. Nach etwa sechs Jahren Ehe sprechen Partner, wie wir aus psychologischen Erhebungen wissen, durchschnittlich nur noch unter zehn Minuten pro Tag miteinander. Sie haben einander nichts mehr zu sagen. Sie haben keine gemeinsamen Interessen und Projekte mehr. Sie bilden eine Gesellschaft mit beschränkter Haftung. „Von manchen Menschen glaubt man, sie seien tot", bemerkt die Schriftstellerin Françoise Sagan, „in Wahrheit sind sie nur verheiratet".

Manchmal haben sich Menschen auch über einen langen Zeitraum hinweg selbst isoliert. Hilflos leben sie hinter einer Panzerglaswand. Man sieht sie, aber man spürt sie nicht. Sie tun das nicht aus Bösartigkeit, sondern oft aus Kränkung und in einer Art psychischer Notwehr. In einer meiner Selbsterfahrungsgruppen im Gesundheitszentrum „Dr.-Max-Otto-Bruker-Haus" (Lahnstein/Koblenz) schwieg ein Teilnehmer die ersten Stunden des Seminars eisern. Er tat das mit so einer Penetranz, dass er die Gruppendynamik zu lähmen drohte. Robert, ein fünfzigjähriger Diplombibliothekar, war, im Sinne der Charakterologie von C. G. Jung (*Psychologische Typen*, 1921), ein *introvertierter Typus* und von kühler Rationalität. Ich machte mir Sorgen. Ich setzte alles auf eine therapeutische Karte. Es hätte auch schief gehen können. Aber ohne Risiko läuft in der Therapie nichts. Ich fragte Robert, ob er für eine Mutprobe bereit sei. Robert sagte ja.

Robert durfte sich unter den Seminarteilnehmern einen männlichen oder weiblichen „Schutzengel" aussuchen. Er entschied sich für einen väterlich wirkenden Mann. Nun bat ich alle Teilnehmer, sich in einem Kreis zu postieren. Dann schlug ich Robert vor, den Schutzengel im Rücken, jeden Teilnehmer mit Vornamen anzusprechen und ihm einen Satz mit den drei Anfangsworten zu sagen und zu vollenden „Ich schweige, weil . . .".

Es wurde ein bewegender Rundgang, für Robert zunächst scheinbar lang wie der Pilgerweg nach Compostela. Doch er formulierte immer mutiger und wahrhaftiger Sätze wie: „Ich schweige, weil ich Angst vor Menschen habe. Ich schweige, weil als Kind keiner auf mich gehört hat. Ich schweige, weil meine Frau mich nach zehn Jahren verlassen hat. Ich schweige, weil ich Angst habe, nicht verstanden zu werden. Ich schweige, weil ich mich unattraktiv fühle. Ich schweige, weil ich so schwach bin. Ich schweige, weil ich Angst habe, verletzt zu werden. Ich schweige, weil ich mich nicht lieben kann." Die meisten Teilnehmerinnen und Teilnehmer umarmten Robert spontan. Viele erwiderten ihm: „Das kenne ich auch von mir." Andere sagten: „Lass deine Angst hinter dir. Du bist wertvoll." Plötzlich begann Robert befreit zu weinen. Er fühlte sich „wie einer von uns", dazugehörig.

Carl Rogers, der Altmeister der Gesprächspsychotherapie und des personenzentrierten Ansatzes, resümiert in seinem Werk *Der neue Mensch* (2003, 7. Auflage): „Fast immer, wenn jemand erkennt, dass er in der Tiefe gehört wurde, füllen sich seine Augen mit Tränen. Ich glaube, dass es in einem ganz realen Sinn Tränen der Freude sind. Es ist, als sage er: ‚Gott sei Dank, jemand hat mich gehört. Jemand weiß, was es bedeutet, ich zu sein.' In solchen Augenblicken hatte ich manchmal die Phantasie von einem Gefangenen in einem Verlies, der Tag für Tag mit Morsezeichen eine Botschaft an die Wand klopft: ‚Hört mich jemand? Ist jemand da?' Und eines Tages hört er schließlich in schwachen Klopfzeichen die Antwort: ‚Ja.' Durch diese eine schlichte Antwort ist er aus seiner Einsamkeit erlöst; er ist wieder ein Mensch geworden. Viele, viele Leute leben heute in ihrem eigenen Verlies. Leute, die äußerlich kein Anzeichen davon zu erkennen geben, bei denen man sehr scharf hinhören muss, um die leisen Botschaften aus dem Verlies zu vernehmen."

Das Sprechen erlöst uns aus der Einsamkeit. Das Sprechen ist eine Kunst, die gelernt sein will. Sie darf nicht missbraucht werden. Goethe bemerkt in seinen *Maximen und Reflexionen:* „Der Sprache liegt zwar die Verstandes- und Vernunftfähigkeit des Menschen zugrunde, aber sie setzt bei dem, der sich ihrer bedient, nicht eben reinen Verstand, ausgebildete Vernunft, redlichen Willen voraus. Sie ist ein Werkzeug, zweckmäßig und willkürlich zu gebrauchen; man kann sie ebenso gut zu einer spitzfindig-verwirrenden Dialektik wie zu einer verworren-verdüsternden Mystik verwenden."

Wie aber funktioniert verstehendes Sprechen und Zuhören? Sehen wir weiter.

Die Sache:
Worum geht es?

> *Für eine langfristige Kooperation ist es wenig aussichts-*
> *reich, den Deckel der Sachlichkeit auf die Schlangengrube*
> *der menschlichen Gefühle zu pressen.*
>> Friedemann Schulz von Thun
>> Miteinander reden. Störungen und Klärungen

Sage mir, wie du sprichst, und ich sage dir, wer du bist. Die Art zu sprechen „verrät" im Wortsinn fast alles über unseren Bildungsgrad, unsere Herkunft, unsere Lebenseinstellung und Persönlichkeit. Angenommen, jemand verkündet in meiner Sprechstunde „Ich zieh sowieso immer die Arschkarte" oder „Ich hab meinen Ex in die Tonne gekloppt". Sofern die Formulierung nicht für mich deutlich ironisch gewählt wurde, schließe ich von diesem undifferenzierten Sprachtypus auf einen eher bescheidenen Bildungshintergrund.

Das sagt aber noch lange nichts über die Herzensbildung eines Menschen aus. Sie liegt jenseits aller Bildungsstandards. Akademisch gebildete SS-Chargen entpuppten sich zum Beispiel, wie Jonathan

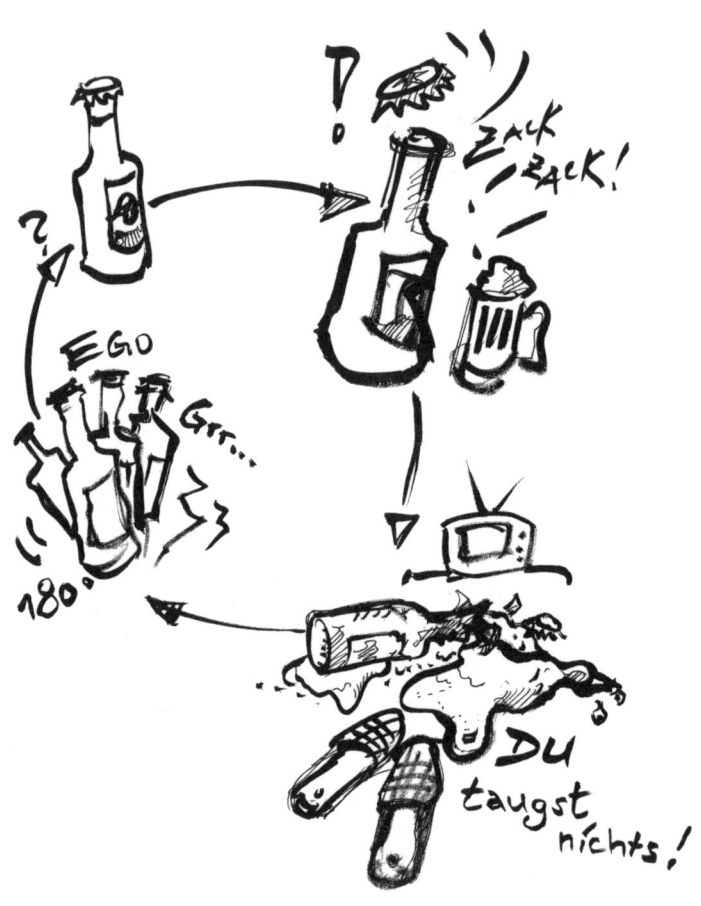

Littells erschütterndes Epos *Die Wohlgesinnten* (2008) grausam verdeutlicht, als die wahren Barbaren. Sie vermieden es explizit, mit ihren Opfern, Juden, Sintis, Russen, zu *sprechen*. Sie kommandierten und töteten. Mit ihrem Schweigen grenzten sie die Opfer aus, erniedrigten sie zu „Untermenschen". Sie deklarierten sie semantisch als „Ungeziefer" und konnten sie so ohne Skrupel planmäßig vernichten. Erst das Vermeiden einer gemeinsamen Sprachebene ermöglichte den Tätern vermeintlich das „richtige Leben im Falschen" (Adorno). Folgerichtig erkannte der Existenzphilosoph Karl Jaspers: „Dass wir miteinander reden können, macht uns zu Menschen."

Wie schwer wir uns mit der sprachlichen Verständigung tun, hat der Psychologe Friedemann Schulz von Thun in seinem 1981 erstmals erschienenen dreibändigen Standardwerk *Miteinander reden* glänzend untersucht. Auf ihn stützen sich die Ausführungen meines Buches. Als leidenschaftlicher Paartherapeut versuche ich, die Forschungen des Hamburger Wissenschaftlers auf die „Mühen der Ebene" (Bert Brecht) in der Paarbeziehung zu übertragen.

Schulz von Thun hat in seinem ersten Band *Störungen und Klärungen* das berühmte „Nachrichtenquadrat" in die allgemeine Psychologie der Kommunikation eingeführt. Von oben im Uhrzeigersinn beginnend beinhaltet es die vier Seiten *Sachinhalt, Appell, Beziehung, Selbstoffenbarung.* Sie bilden die paritätischen, also gleich großen Seiten der Nachricht. Erläutern wir das Nachrichtenquadrat mit einem simplen, aber wirkmächtigen Beispiel:

Franz kommt nach Hause. „Jutta, es ist kein Bier im Kühlschrank!", schreit er. Das ist zunächst einmal eine klare Sachaussage – der alkoholische Nachschub fehlt. Jutta könnte nun sachlich antworten: „Das stimmt." Aber wir spüren: Da stimmt etwas ganz und gar nicht. Denn Franz hat geschrien. Damit hat er die Sachebene verlassen. Es genügt also nicht, dass Jutta nur rein inhaltlich reagiert. Es geht um mehr als die Sache Bier. Worum dann?

Die rechte Seite des Nachrichtenquadrats beinhaltet den *Appellaspekt.* Franz hat keine wissenschaftliche Feststellung über die Nichtexistenz von Bier im Kühlschrank treffen wollen. Er appelliert vielmehr mit seiner impliziten, also indirekten Botschaft an Jutta, gefälligst Bier zu besorgen. Es handelt sich um eine energische Aufforderung. Er könnte das natürlich auch subtiler und manipulierender formulieren: „Schatz, ich glaube, das Bier ist ausgegangen." Die Chancen, dass Jutta ihm einen Gefallen tun würde, würden sprunghaft steigen.

Damit spricht Franz auf der unteren Ebene des Nachrichtenquadrats, der *Beziehungsebene*. Er formuliert, wieder indirekt, was er von Jutta hält. In elaborierter, ausführlicher Rede würde er sagen beziehungsweise schreien: „Du dumme Kuh, sitzt den ganzen Tag zu Hause und machst nichts! Nicht einmal an mein abendliches Bier denkst du! Wofür habe ich dich eigentlich geheiratet?" Er markiert hiermit eine Beziehung der männlichen Dominanz und weiblichen Unterwürfigkeit. In einer anderen, sanft manipulativen Variante könnte er vielleicht unbewusst eine Mutter-Sohn-Übertragung ausagieren: „Bringst du mir noch die Pantoffeln? Lass mir doch bitte ein Bad ein. Stell mir einen Teller mit Schnittchen vor den Fernseher. Verhätschele mich!"

Franz schreit. Das ist, wenn er nicht den notorischen Haustyrannen spielt, eher ungewöhnlich. Was ist mit ihm los? Tatsächlich gibt er unbewusst etwas von sich preis – Frust und Zorn. Er betritt mit diesen heftigen Emotionen die linke Seite des Nachrichtenquadrats, die *Selbstoffenbarung*. Hat er auf der Beziehungsebene eine Du-Botschaft ausgesprochen („Du machst nichts!"), gibt er jetzt etwas von sich selbst zu erkennen („Ich bin bedürftig!"). Wahrscheinlich ist ihm eine Laus über die Leber gelaufen. Er hatte Ärger im Büro. Der Stau auf dem Heimweg hat an seinen Nerven gezerrt. Aber was genau passiert ist, wissen weder die ratlose Jutta noch wir. Der Sender sendet undeutlich, der Empfänger fragt nicht nach.

Genau das ist nach Schulz von Thun unsere Aufgabe in der Kommunikation – mit vier Ohren zu empfangen: dem *Sachohr*, dem *Appellohr*, dem *Beziehungsohr*, dem *Selbstoffenbarungsohr*. Der ideale „vierohrige Empfänger" fragt sich nach Schulz von Thun: „Wie ist der Sachverhalt zu verstehen?" (Sachohr). „Was soll ich tun, denken, fühlen, auf Grund seiner Mitteilung?" (Appellohr). „Wie redest du eigentlich mit mir? Wen glaubt er vor sich zu haben?" (Beziehungsohr). „Was ist das für einer, was ist mit ihm?" (Selbstoffenbarungsohr).

Schulz von Thun schlussfolgert: „Der Empfänger ist mit seinen zwei Ohren biologisch schlecht ausgerüstet: Im Grunde braucht er ‚vier Ohren' – ein Ohr für jede Seite (des Nachrichtenquadrats – M. J.). Je nachdem, welches seiner vier Ohren der Empfänger gerade vorrangig auf Empfang geschaltet hat, nimmt das Gespräch einen sehr unterschiedlichen Verlauf. Oft ist dem Empfänger gar nicht bewusst, dass er einige seiner Ohren abgeschaltet hat und dadurch die Weichen für das zwischenmenschliche Geschehen stellt." Dann kommt es zum Streit. Sender und Empfänger verhalten sich nicht kongruent, nicht deckungsgleich. Beide sind an der Störung beteiligt.

Die Kommunikationslage ist also kompliziert genug. Dabei scheint die *Sachebene* noch am einfachsten. Hier kann man sich doch wenigstens, so scheint es, mühelos verständigen. Genau das ist ein Irrtum. Paare tun sich oft mit der Sachebene besonders schwer. Sie verstecken in ihren Auseinandersetzungen den Kern ihrer Aussage hinter verbaler Kompliziertheit und Weitschweifigkeit. Oder einer von beiden frostet mit dem Satz „Wir wollen doch sachlich bleiben!" die mitschwingenden Gefühle des Ehedialogs auf sibirische Temperaturen. Wie sagt Tucholsky (in *Schnipsel*): „Frau und Mann sind niemals frei./Stets ist ein Gefühl dabei./Und die Dummen sind/Gewöhnlich alle zwei."

Fangen wir mit dem Ersten an, der Kompliziertheit, der Unverständlichkeit und Weitschweifigkeit im Reden des Paares. Ein etwas bösartiges Sprichwort besagt: „Der Mann ein Wort, die Frau ein Wörterbuch." Das Sprichwort ist insoweit ungerecht, als es die Dialektik von männlichem Schweigen und weiblichem Schwätzen außer Acht lässt. Beides gehört zusammen: Weil der Mann das Maul nicht aufkriegt und notorisch schweigt, redet die Frau kompensatorisch umso mehr, damit ein Gespräch überhaupt in Gang kommt. Je mehr sie aber redet, desto tiefer zieht sich der Mann in sein oratorisches Schneckenhaus zurück.

Horst und Erika waren so ein Fall. Horst war ein eiserner Schweiger, dessen rhetorisches Repertoire im Wesentlichen aus Ja und Nein bestand. In der Paarsitzung wäre ich anfangs an ihm fast verzweifelt, so wortkarg war er. Dabei kommunizierte er durchaus, aber überwiegend mit sich selbst. In seinem Tagebuch, einer zerschlissenen alten Kladde, kartografierte er täglich sein Innenleben und sortierte seine Gedanken. Aber dieses Tagebuch hütete er wie einen Schatz und gab nichts davon preis. Im Gegensatz zu ihm war Erika ein verbaler Wasserfall, dessen Wortkaskaden sich ununterbrochen über die Felsenklippen der ehelichen Streitigkeiten ergossen.

Als ich Erika am Ende der ersten Sitzung bat, mit einigen knappen Sätzen zu sagen, was sie sich von Horst wünsche, setzte sie sinngemäß zu folgendem weitschweifigen und letztlich unverständlichen Monolog an: „Also, ich weiß ja gar nicht, ob du mich noch liebst. Ich habe kein Abitur. Andere Frauen sind schöner als ich. Ich habe überhaupt so viel Kopfweh in letzter Zeit. Ich glaube auch, meine Bandscheiben sind nicht in Ordnung. Du hast keine Achtung vor mir. Du arbeitest ja immerzu. Ich will Achtung von dir. Du hast es gut in deinem Beruf. Du bist ja der große Strahlemann. Manchmal denke ich, du hast eine Freundin. Ich mache alles im Haushalt. Der vornehme Herr ist sich zu fein dafür. Zärtlichkeit ist für dich ein Fremdwort. Ich habe ja im Leben immer nachgegeben. Was willst du eigentlich von mir? Ich will leben. Als Frau ist man ja schlecht dran. In meinem nächsten Leben werde ich als Mann geboren. Wie konnte ich es nur so lange mit dir aushalten! Es muss alles anders werden." Am Ende ihres Monologs, der tatsächlich noch viel länger ging, hatte Erika noch die Stirn, zu fragen: „Hast du mich verstanden?". „Nein", antwortete Horst korrekt.

Mich erinnerte Erikas verzweifelte Suada an Tucholskys sarkastischen Aphorismus (in *Schnipseln*): „Sie sprach so viel, dass ihre Zuhörer davon heiser wurden." Erika war verzweifelt. Schon als kleines Kind und Jüngste von fünf Geschwistern hatte ihr der Vater nicht zugehört. „Kindermund tut Unsinn kund", pflegte er zu sagen. Sie musste beim Essen stillsitzen und schweigen. Wohl unbewusst und im Sinne eines neurotischen Wiederholungszwangs (Freud) hatte sie sich mit Horst den gleichen abweisenden väterlichen Sprechtyp gewählt. Mit ihrem Dauerreden versuchte sie sich aus dem Exil ihrer Einsamkeit zu befreien und gleichsam ihr Dasein zu beweisen. Weil sie selbst nicht zu Wort gekommen war, ließ sie jetzt keinen anderen zu Wort kommen.

Als ich das mit Erika in der Einzelsprechstunde durcharbeitete, brach sie in Tränen aus. Es gelang ihr, das Leid des nicht gehörten Kindes von einst zu spüren, es im Sinne der fünf therapeutischen Grundschritte zu *erinnern*, zu *beweinen*, zu *bewüten*, zu *begreifen* und zu *beenden*. Sie lernte die Wohltat des Schweigens und Zuhörens. Vor allem aber lernte sie in der Paartherapie, ihre Forderungen und Wünsche klar und präzise zu formulieren. Was sie anfänglich in ihrem unsicheren, wirren Monolog versteckt hatte, brachte sie am Ende der Paartherapie auf drei unmissverständliche Forderungen: „Erstens will ich Achtung und Wertschätzung von dir. Du sollst mich mehrfach in der Woche für mein Kochen und meine Weiterbildung zur Pastoralreferentin loben und mir Komplimente machen. Zweitens verlange ich, dass du am Samstagvormittag die Wohnung staubsaugst und den Großeinkauf machst. Drittens will ich Zärtlichkeit von dir. Du sollst mich beim Weggehen und Heimkommen küssen und in den Arm nehmen, mich einmal am Wochenende mit einem aromatischen Öl massieren und vor dem Sex ausgiebig mit mir kuscheln."

Das verstand Horst. Er stimmte gerne zu. Wie er seinerseits das tiefe Sprechen lernte, das verrate ich im achten Kapitel, das vom Einüben einer neuen Sprechkultur handelt. Erika jedenfalls begriff die neue Sachlichkeit des Sprechens. Über ihren Schreibtisch pinnte sie, wie sie mir berichtete, den Bibelspruch:

„Deine Rede sei Ja, ja, Nein, nein. Die Lauen speit der Herr aus."

„Was ist der langen Rede kurzer Sinn?", könnte man bei den weitschweifig inszenierenden Dauerrednern fragen. „Was ist der kurzen Rede langer Sinn?", muss man dagegen bei den allzu Sachlichen insistieren. Dem sachlichen Typus werden wir später noch bei Schulz von Thuns Kommunikationstypus des *bestimmend-kontrollierten Stils* begegnen. Schulz von Thun schreibt über ihn im zweiten Band von *Miteinander reden (Stile, Werte und Persönlichkeitsentwicklung): „*Wenn wir von der distanzierenden Strömung erfasst sind, dürfen uns die Mitmenschen nicht zu nahe kommen. Die Grenzen des eigenen Hoheitsgebietes sind vorverlegt, eine unsichtbare Wand sorgt dafür, dass der gebührende Abstand erhalten bleibt."

Im Paargeschehen äußert sich das dramatisch. Da spricht einer von beiden nur auf der Sachebene. Auf der Appellebene verkehrt er knochentrocken vernünftig („Das kann doch jedermann verstehen"), auf der Beziehungsebene abschätzig und überheblich („Das ist doch logisch, wie kannst du das nicht nachvollziehen"), auf der Selbstoffenbarungsebene spröde und besserwisserisch („Wozu lange reden, ich blicke durch"). „Werde doch nicht unsachlich", lautet die schneidende Replik des „Sachlichen" auf die farbige Gefühlsreaktion seines Gegenübers. Friedrich Nietzsche, der bedeutendste Psychologe unter den Philosophen, charakterisiert diese emotional kastrierte, verkopfte Haltung (in *Der Wille zur Macht*) mit den Worten: „Die höchste Vernünftigkeit ist ein kalter Zustand."

Die gefährliche Reduktion der Gefühle auf die Sachebene habe ich einmal vor vielen Jahren bei einem Paar in so dramatischer Weise erlebt, dass es mir unauslöschlich im Gedächtnis geblieben ist. Angemeldet hatten sich zur Erstsitzung Manfred, ein ungefähr fünfzigjähriger Immobilienmakler, erfolgreich und mit Millionenvermögen, und seine Frau Veronika. Sie hatten vier Kinder zwischen fünfzehn und sieben Jahre alt. Veronika amtierte als Mutter und tüchtige Hausfrau. Sie schmiss das familiäre Unternehmen, Manfred vermehrte das Vermögen.

So weit, so gut. Was sich jedoch in den ersten Minuten der Sitzung ereignete, verschlug mir den Atem. Bevor ich noch ein Wort an das Paar richten konnte, hob Manfred, ein stahlharter, sportlich durchtrainierter Mann, zu einer wohl vorbereiteten Erklärung im Protokollstil eines Diplomaten an: „Ich bin froh", sagte er an seine Frau gerichtet, „dass wir bei Dr. Jung sind. Der ist Therapeut. Er wird dafür sorgen, dass du nicht hysterisch wirst." Dann kam seine amtliche Mitteilung: „Ich habe seit drei Jahren eine Freundin. Ich werde dich an diesem Wochenende verlassen und zu ihr ziehen. Du kannst mich nicht zurückhalten. Das Finanzielle regeln wir über die Anwälte. Ich habe alles durchdacht."

Stille. Veronika blickte verdutzt wie ein Kind zu ihrem Mann. Sie hatte sich auf den Beginn der Paartherapie und die vermeintliche Liebes- und Seelenarbeit gefreut, weil die Sexualität und Zärtlichkeit zwischen ihr und Manfred schon seit geraumer Zeit Mangelware geworden waren. Dann begriff sie. Sie schrie, wie ich es nie zuvor und danach in meiner Praxis erlebt habe. Es war ein Urschrei voller Angst, Fassungslosigkeit und Verletzung. Er hallt mir noch heute in den Ohren nach. Sie schrie und schrie. Ich hatte Angst um Veronika. Sie hyperventilierte. Ich dachte daran, unseren ärztlichen Leiter Dr. Jürgen Birmanns zu Rate zu ziehen. Es sah so aus, als ob Veronika körperlich dekompensieren würde. Dann brach ihr Schreien ab. Sie fiel in ein lang anhaltendes, schreckliches Schluchzen. Ihre Schultern zuckten. Sie sank in ihrem Korbsessel zusammen. Was tun?

Manfred saß entspannt und mit den Füßen wippend in seinem Sessel. Er wartete offensichtlich gelassen darauf, dass Veronikas „Hysterie" abebbte. Deswegen hatte er ja auch den geschützten Raum der psy-

chotherapeutischen Praxis und mich als assistie-
renden „Seelenklempner" aufgesucht. Dafür würde
er das Honorar bezahlen. Er zeigte ein Bild grau-
samer Sachlichkeit.

Ich geriet in Zorn. Das tat ich wohl unbewusst und
stellvertretend für Veronika, die in diesem Augenblick von ihrem Schmerz gefesselt war. Ich schrie
Manfred an: „Steh auf!". Verdutzt gehorchte er. Er
dachte wohl, Lahnstein/Koblenz sind Bundeswehr-
standorte, der Therapeut habe daher militärische
Manieren. Nun stand er da vor seinem Sessel.
Er wusste allen Ernstes nicht, was er tun sollte. Er
blickte mich fragend an. „Geh zu ihr!", schrie ich.
Er ging zu ihr. Wieder schaute er mich ratlos an.
„Nimm sie in die Arme!", brüllte ich.

Da geschah etwas Unerwartetes. Manfred kniete
sich nieder. Er nahm Veronika in die Arme. Er musste weinen. Die Tränen schossen ihm aus den Augen.
Er streichelte ihr Gesicht. Er verließ die Sachebene.
Plötzlich verstand er den Appell ihres Weinens, die
Tiefe der langjährigen, mit wundervollen Kindern
gesegneten Beziehung. Er offenbarte sich, indem er
weinte. Was er so gefühlssteril im Kopf – und wohl
mit Hilfe der Freundin – ausgeklügelt hatte, erwies
sich in diesem Augenblick als Makulatur, als Kopf-
geburt. Vielleicht verstand er in diesem Moment das

am Anfang meines Buches zitierte Wort von Saint-Exupéry „Das Wesentliche ist unsichtbar. Man sieht nur mit dem Herzen gut."

Die Paarsitzung, die Manfred eigentlich zur Hinrichtungsstätte seiner Ehe bestimmt hatte, wurde zum Ausgangspunkt für die Renovierung des Beziehungsgebäudes. Die Liebe kehrte zu beiden wie eine entlaufene Katze zurück. Sie nutzten die Tatsache von Manfreds Außenbeziehung zur Inventur ihrer Ehe, zum Neuanfang und fließenden Austausch ihrer Gefühle. „Stark wie der Tod", heißt es im Hohelied Salomos, „ist die Liebe."

Worum geht es? Das ist immer wieder die kommunikative Zentralfrage zwischen Frau und Mann, Chef und Angestelltem, Lehrer und Schüler. Nietzsche befand (in *Menschliches, Allzumenschliches*): „Die Bedeutung der Sprache liegt darin, dass der Mensch in ihr eine eigene Welt neben die andere stellte." Das heißt aber auch, meine Wahrnehmung und die Realität müssen übereinstimmen. Sonst entfernen sich Frau und Mann Lichtjahre voneinander. Siehe Horst und Erika, Manfred und Veronika.

Der Appell:
Was willst du von mir?

Wir wollen reden, wie wir empfinden, und empfinden, wie wir reden. Rede und Leben sollen zusammenstimmen.

Lucius Annaeus Seneca

Jahreszahlen

Wer redet, will etwas. Er will sich ausdrücken, sich mitteilen, seine Gedanken sortieren. Sprechen ist Denken. Denken ist Sprechen. Der Dichter Heinrich von Kleist (1777–1811) schrieb einen Aufsatz mit dem berühmt gewordenen Titel *Über die allmähliche Verfertigung der Gedanken beim Sprechen.* Der Mensch ist, wie die Sprachphilosophen sagen, das *animal loquens, das sprechende Tier.* Das hat ihn aus dem Bereich der Instinkte in die höhere, mit Kant zu sprechen, *intelligible* Welt katapultiert. Goethe formuliert es so: „Sich mitzuteilen ist Natur. Mitgeteiltes aufzunehmen, wie es gegeben wird, ist Bildung."

Natürlich hat die Sprache unzählige Funktionen, von denen wir nur einige wenige beleuchten können. Ihre Appellfunktion ist eine der wichtigsten. Sie weist auf ihren Ursprung hin. Der Säugling appel-

liert bereits mit seinen gestammelten Lauten, mit Schreien und Weinen an die Eltern, ihm Aufmerksamkeit, Nahrung, Säuberung, Spiel und Zuneigung zu geben. Der Appell ist Zuruf, Aufforderung, unverzichtbare basale Kommunikation. „Ein Mensch allein ist noch kein Mensch", besagt ein chinesisches Sprichwort. Ich bin von der Geburt bis hin zum Tod abhängig, bedürftig, auf das helfende und verstehende Du verwiesen. Allein gelassen würde ich nach der Geburt sterben.

Laute und Sprache sind das Vehikel der Menschwerdung und der Bindung. Robinson Crusoe sehnt sich auf seiner einsamen Insel im Pazifik nach menschlicher Gesellschaft. Als er einen Eingeborenen aus den Fängen von Kannibalen rettet, nennt er ihn nach dem Tag seiner Ankunft *Freitag*. Er lehrt ihn als Erstes seine, Robinsons, englische Muttersprache. Der Begriff „Muttersprache" weist auf die frühkindliche, existenziell notwendige Geburt unserer Sprache hin. In diesem Sinne bringt die Geburt nur das Sein zur Welt. Person und Persönlichkeit werden erst durch die Sprache erschaffen.

Ebenso wie die Sachebene scheint sich die *Appellfunktion* der Sprache zunächst einfach darzustellen. Doch auch sie ist voller Fallstricke. Natürlich, wenn Franz wütend *appelliert:* „Jutta, es ist kein Bier im

Kühlschrank", dann ist die Sache klar – sie soll gefälligst Bier holen. Auch wenn Franz vom Beifahrersitz aus nervt: „Jutta, die Ampel ist grün", ist der Appell schwer zu überhören. Er lautet: „Gib Gas!". Auf der Beziehungsebene fühlt er sich wohl als ihr Fahrlehrer, auf der Selbstoffenbarungsebene zeigt sich seine Nervosität und Ungeduld.

Schulz von Thun spricht von drei möglichen Arten des Appells: Der *heimliche Appell*, der *paradoxe Appell* und der *offene Appell*. Für die Paarbeziehung, aber auch am Arbeitsplatz und im Umgang mit Freunden und Bekannten, ist das Wissen um Glanz und Elend appellativen Sprechens hilfreich. Es ermöglicht uns, eine sprachlich saubere und damit klare Beziehungskultur zu entwickeln. Wer klar spricht, denkt sauber. Wer sauber denkt, spricht klar. Wer deutlich spricht, bekommt etwas. Er kann auf ein Nein oder ein Schweigen angemessen reagieren. Keine Antwort ist auch eine Antwort.

Der *heimliche Appell* begegnet mir oft in der Paartherapie. Eine bedrohliche Dimension nahm er bei Nina und Uwe an. Das wohlsituierte aber kinderlose Paar befand sich in einer Sackgasse.

Uwe arbeitete als Vertreter einer Reifenfirma. Mit seiner Karriere ging es stetig bergauf, er war mit seinem Job verheiratet. Nina, neununddreißig, quälte sich als Steuerberatungsgehilfin, ein ungeliebter Beruf, in den ihre Eltern sie gedrängt hatten. Nina sehnte sich nach einem Kind, ihre biologische Uhr tickte unerbittlich. Sie beneidete ihre beiden Schwestern um deren Kinder. Ihr eigenes Leben schien ihr sinnlos. Am Anfang ihrer Ehe hatte Nina noch auf ein Kind gedrängt. Aber Uwe, der bereits an seiner Karriere bastelte, winkte ab. Ein Kind passte nicht in seine Lebensplanung. Weil er selbst eine böse Kindheit hinter sich hatte und unter seiner „Vaterwunde" litt, traute er sich selbst keine Vaterschaft zu. Das verschwieg er allerdings – dieses Trauerszenario zeigte sich erst während der Paartherapie. Im Laufe der Jahre begann Nina zu resignieren. Aber der Kinderwunsch und die Frage nach dem Sinn ihrer Existenz rumorten in ihr. Sie war jedoch nicht in der Lage, dieses existenzielle Dilemma offen zu artikulieren.

Unbewusst verlegte Nina sich auf zwei Verhaltensweisen, die letztlich appellativen Charakter hatten: Kranksein und Weinen. Nina kränkelte in den letzten drei Jahren vor Therapiebeginn fast unaufhörlich. Mal war es Migräne, mal eine Neurodermitis, bald Frauenkrankheiten und depressive Verstimmungen. Sie wurde weinerlich und brachte mit ihren Tränen den „Eisenmann" Uwe zur Weißglut. Er

„rächte" sich, unbewusst, indem er vorübergehend eine Beziehung mit einer anderen Frau einging. Was das Paar nach diesem quälenden Tauziehen in der Beziehung und quälender Versteppung der Sexualität und Zärtlichkeit schließlich zu mir in die Praxis trieb, war die Verzweiflungsaktion der Frau: Nina unternahm, mit Hilfe gehorteter Schlaftabletten, einen Suizidversuch.

Der Suizidversuch ist, wie ich in meinem Buch *AussichtsLos* (emu-Verlag) beschrieben habe, oft ein dramatischer Appell. Er ist eine *Ultima Ratio*, ein verzweifelter Hilfeschrei. Genauso war es bei Nina. Die Wohltat des offenen Appells („Helft mir, ich kann nicht mehr weiter!") hatte sie als Kind in ihrer schizoiden, gefühlsabweisenden Familie nicht lernen dürfen. Deshalb griff sie jetzt wohl zum schärfsten Mittel, der Drohung der Selbstvernichtung. Es blieb glücklicherweise eine Drohung, denn sie hatte wohl unbewusst ihre Errettung – durch den frühen Zeitpunkt ihres Auffindens und die grenzwertige Dosierung der Barbiturate – „eingeplant".

In der Paartherapie hatten beide ihre Lektion zu lernen. Nina musste üben, auf ihre indirekte und autoaggressive Strategie der verdeckten Appelle, Krankheit und Weinen, zu verzichten und klar ihre

Forderungen zu stellen. Die psychosomatische Erkrankung ist ein „autoplastischer" Lösungsversuch, der am eigenen Körper „plastiziert" wird: Wenn ich auf die Demütigungen meines Chefs mit einer Gastritis reagiere, so erreiche ich damit zwar den sekundären Krankheitsgewinn, krankgeschrieben zu werden und das Bett hüten zu dürfen, aber ich lasse meinen Leib malträtieren, statt mich zu wehren und meine Aggression an den richtigen Mann zu bringen.

So musste Nina aus ihrer Klein-Mädchen-Rolle der verborgenen Autoaggression und ihrer weiblichen Opferhaltung heraus. Das war befreiend für sie und nicht ohne Risiko. Denn jetzt wagte sie zum ersten Mal, ihren Mann mit der Entscheidung zu konfrontieren: „Entweder willigst du in ein Kind ein, oder ich gehe." Dazu brauchte sie all ihren Mut, denn sie hatte schon als Kind Verlassenheitsängste, die nun prompt reaktiviert wurden. Nina fragte mich allen Ernstes: „Ob ich ohne Uwe überhaupt leben kann?"

Uwe wiederum musste lernen, die Sprache von Ninas Krankheiten und Weinen zu verstehen. Er musste sich über seine Liebe zu Nina klar werden. Auch er stand vor der entscheidenden Sinnfrage seines Lebens: „Bedeuten mir mein Beruf und meine

Karriere wirklich alles?" Uwe war zweifach geschockt, einmal durch den Suizidversuch seiner Nina, zum anderen durch einen von ihm, in Folge von Übermüdung, verursachten Unfall mit Totalschaden. Dieser hätte ihn das Leben kosten können. Uwe: „Da habe ich mich gefragt, lebe ich außerhalb des Berufes überhaupt?"

Das Schöne geschah: Nina und Uwe fanden in der Tiefe zueinander. Sie hielten es mit dem Schweizer Dichter Max Frisch: „Krise ist ein produktiver Zustand. Man muss ihr nur den Beigeschmack der Katastrophe nehmen." Sie entschieden sich, die Arbeit zu reduzieren, gemeinsame Raum- und Zeitinseln anzusteuern, der Liebe Vorrang zu geben. Und sie bekamen, gleichsam in der letzten biologischen Minute, ein Kind!

Oft sind Appelle von vornherein erfolglos, weil sie für den Partner eine Grenzüberschreitung, eine regelrechte „Revierverletzung" darstellen. Wenn ein Mann seine Frau indirekt appellativ maßregelt, „Das war wieder ein ellenlanges Gespräch mit deiner Freundin", so fühlt sie sich in ihrer Frauenfreundschaft angegriffen. Sie antwortet vielleicht patzig: „Du hast ja keinen Freund, du bist nur neidisch." Womit sie nicht ganz Unrecht haben dürfte – von zehn Frauen über vierzig haben, laut einer deutschen Umfrage, neun eine beste Freundin, von zehn Männern aber haben neun keinen Freund! Schulz von Thun würde der Frau in dieser Sache einen berechtigten Widerstand zugestehen, der sich, wie er es nennt, zu einer *Appell-Allergie* auswachsen kann.

Umgekehrt gibt es aber auch die *Appell-Angst*. Jirina Prekop hat dies in ihrem Bestseller *Der kleine Tyrann* packend beschrieben. Da setzen ich-schwache Eltern dem verwöhnten Despoten im Kinderzimmer keine Grenzen. Ihre pädagogischen Fluchttendenzen schlagen sich in lauwarmen Formulierungen nieder wie „Könntest du vielleicht ...?", „Es wäre schön, wenn du ..." und „Fändest du es nicht besser ...". Kein Wunder, dass sich der kleine Duce angesichts solcher Kommunikationsverwirrung zur Autorität aufspielt und die Familienmacht ergreift. Wenn ihn das Leben nicht abschleift, droht er als Erwachsener zum Ekelpaket zu werden. „Alle unsere Irrtümer", warnte die Pädagogin Maria Montessori *(Kinder sind anders)*, „übertragen wir auf unsere Kinder, in denen sie untilgbare Spuren hinterlassen".

Auch nonverbale Appelle können lästig sein, wenn ein Partner ständig auf die Tränendrüse drückt oder mit Krankheiten und inszenierter Hilflosigkeit manipuliert und erpresst. Erich Kästner hat in seiner berühmten Kindergeschichte *Pünktchen und Anton* auf liebevolle Art einen solchen Fall modelliert. Als Vierzehnjähriger spielte ich am Jesuiteninternat in einer gleichnamigen Theateraufführung die verwöhnte Direktorengattin Frau Pogge, die Mutter von Pünktchen (mit zwei dicken Orangen im Büstenhalter!). In allen kritischen Situationen musste ich mich in den hysterischen Ausruf flüchten: „Huch, ich bekomme Migräne!". Das Publikum lachte sich schlapp. „Nichts", sagt Sigmund Freud, „stabilisiert eine kranke Ehe besser als die Krankheit."

Allzu viele Appelle können einer Beziehung abträglich sein. Wir verstecken sie oft in Form von „gut gemeinten" Ratschlägen. Diese sollten wir, in der Beziehung wie in der Therapie, homöopathisch dosieren, sonst wird der Rat schnell zum Schlag, zu Besserwisserei und Bevormundung. Ebenso unfruchtbar sind undeutliche Appelle. Wir haben das im letzten Kapitel bei Erikas uferlosem Redestrom gegenüber Horst gesehen. Es ist, wie ich in meinen täglichen Sitzungen beobachte, ein Erzübel vieler Paare, undeutliche Appelle zu senden, anstatt sich verständlich über das Wünsch- und Machbare in der Beziehung auszutauschen.

Ängste erweisen sich in der Beziehung häufig als heimliche Appelle. Sie sind missbräuchlich. Weil ihr Mann „eigenmächtig" seinen Angelurlaub mit Freunden um eine Woche verlängert hatte, schrie seine Frau ihn in meiner Praxis völlig aufgelöst an, „du hast versprochen, mich immer zu lieben, und jetzt das!" Aus ihrem verzweifelten Vorwurf sprach die Angst vor Untreue und Verlassenwerden – angesichts des realen „Vergehens" eine maßlose Überreaktion. Tatsächlich braucht die Liebe auch Auszeiten, um nicht zur alles erdrückenden Pflichtübung zu degenerieren.

Ich erinnere mich an Karla und Johannes, beide etwa Mitte fünfzig, kinderlos. Johannes war frühpensioniert, und auch Karla hatte mit fünfzig bereits aufgehört zu arbeiten. Johannes brachte Karla mit einiger Verzweiflung zu mir in die Therapie. Er war die treibende Kraft, sie wollte eigentlich nicht. Warum sie nicht wollte, wurde mir rasch klar. Karla litt unter einem chronifizierten Angstsymptom in Form einer, klinisch gesprochen, *Agoraphobie*, einer *Platzangst*. Das ist die Angst, auf öffentliche Plätze (*agora*, altgriechisch *der Marktplatz*) zu gehen und unter fremden Menschen zu sein.

Mittlerweile hatte sich Karla in ihrer Angstsymptomatik gewissermaßen häuslich eingerichtet. Sie verließ nämlich das Haus fast nicht mehr und wenn überhaupt, dann nur mit ihrem Mann als Bodyguard. Selbst der Gang zum Briefkasten am Gartenzaun war ihr ein Grauen. Man hätte sie ja sehen können. Karla hatte einen lieben Mann. Gerade er war, so paradox es klingen mag, ihr Verhängnis. Denn Johannes tat alles für sie, nahm ihr alles ab, beschützte sie vor allem „Fremden" – und zementierte damit, als unfreiwilliger Komplize, ihre Soziophobie.

Blinder als blind ist der Ängstliche. Karlas schweres Angstsyndrom hatte natürlich eine Ursache. Sie lag in einer Vergewaltigung als junge Frau, die sie nie psychotherapeutisch bearbeitet hatte. Dies arbeitete ich mit ihr in einer bewegenden und zeitintensiven Langzeittherapie durch. Es war ein Erfolg, dass sie mich als männlichen Therapeuten akzeptierte und ihren – begreiflichen – Widerstand gegen das Ausgraben ihres verdrängten Schmerzthemas überwand. Es gelang ihr, ihr weibliches Selbstwertgefühl zu stärken und ihren verborgenen neurotischen Glaubenssatz „Ich kann nur mit dem starken Mann an meiner Seite existieren" hinter sich zu lassen. Das war die eine tiefenpsychologische Seite.

Verhaltenstherapeutisch musste ich energisch intervenieren. Denn Karlas Angst war, um den Begriff von Schulz von Thun zu verwenden, eine *finale Angst*. Von Thun: „Die Angst erfüllt ihren Zweck. Sie erweist sich als erfolgreiche Strategie, um mit der eigenen Lebensunsicherheit halbwegs fertig zu werden. Sie wirkt. Damit ist nicht behauptet, dass die Frau die Angstzustände nur vortäuschen würde, um ihren Mann an die Kette zu legen. Die Angstzustände sind durchaus real. Behauptet wird lediglich folgendes: Die Angstzustände haben eine starke Appellwirkung auf einen wichtigen Empfänger. Da dieser appellmäßig handelt, erweist sich die Angst als erfolgreich und – vom Sender aus betrachtet – als sinnvoll."

Schulz von Thun beschreibt genau das, wozu ich Karla, vor allem aber Johannes, angeleitet habe: „Die Angst darf keinen Erfolg mehr haben. Der Mann wird angewiesen, die Angstzustände seiner Frau nicht mehr mit liebevoller Zuwendung zu verstärken, das heißt ‚das Spiel' nicht mehr mitzuspielen." Ich musste Johannes anfangs fast nötigen, Karla immer mehr eigene Schritte unternehmen zu lassen. Das fing mit dem Gang zum Briefkasten an, den er ihr seit Jahren abgenommen hatte. Das führte dazu, dass er ihr anfänglich beim Gang zum Supermarkt im Abstand von hundert Metern folgte, um sie dann ganz alleine gehen zu lassen. Schließlich schaffte sie es, allein in die City zu gehen, zu bummeln, einzukaufen, sich in ein Café zu setzen und allein den Rückweg anzutreten. Der Lernprozess dauerte selbstverständlich lange und ging nur Schritt für Schritt und Stufe für Stufe voran, aber er war erfolgreich.

Fast noch schwieriger als Karlas Expedition in das aufregende Land der neuen Autonomie zeigte sich Johannes Befreiung aus der Co-Abhängigkeit. Denn auch er besaß ein heimliches Interesse, das kranke Spiel mitzuspielen. Er hatte es als Pensionär schlicht versäumt, einen neuen Sinn in seinem Leben zu generieren. Karlas Betreuung füllte alles aus. Johannes hatte seine Ehe zur Intensivstation gemacht. Zugleich verlieh ihm der Rundum-Service für Karla die moralische Position des Gutmenschen und edlen Helfers. Er wurde für sein Umsorgen, das in Wahrheit ein Helfersyndrom war, bewundert. Dies alles war sein eigener sekundärer Krankheitsgewinn und neurotischer Mehrwert. Wachgerüttelt von unserer Kurztherapie suchte er sich eine ehrenamtliche Tätigkeit – und einen Freund.

Der Fall Karla/Johannes zeigt noch einen anderen Aspekt: Wenn der bisherige Appell-Partner seine Rolle verlässt und nicht mehr wie gewohnt reagiert, muss auch der Dauerappellant seine Rolle verlassen. Entweder er findet ein neues Opfer oder er gibt seine permanenten Kükenrufe, die erworbene Hilflosigkeit, auf. Das ist das in der Psychologie bekannte „Lustige-Witwen-Syndrom": Die Frau geriert sich jahrelang an der Seite ihres vermeintlich bärenstarken Mannes als die Schwache. Sie fährt nicht mehr Auto, vermag selbst kleine Hausreparaturen nicht zu leisten, kümmert sich nicht um die Finanzen und kriegt den Computer nicht in Gang. Dann stirbt der Mann. Alle Verwandten und Bekannten rechnen nun mit dem totalen Zusammenbruch – doch das Gegenteil tritt ein. Innerhalb von einem Jahr fährt die Frau wieder Auto, klärt ihre Finanzen, lernt obendrein noch Tennisspielen und sucht sich im Internet einen neuen Partner. Sie hat die Krücken der alten hierarchischen Beziehung verloren. Sie beginnt, aus sich selbst heraus zu leben.

Auch der – meist co-abhängige – Partner eines Alkoholkranken muss lernen, sich gegenüber dessen Appellen („Sei nicht so hart!", „Du wirst mir doch wohl noch mein Bierchen/meine Flasche Wein am Feierabend gönnen!") zu verschließen. Auf den manipulativen Appell gibt es nur eine Antwort: Sich appellwidrig verhalten, sich dem Appell zu widersetzen – erst recht, wenn es um lebenszerstörende stoffliche Süchte geht. Denn im Alkohol ersaufen mehr als im Meer, oder, wie Wilhelm Busch reimt: „So geht es mit Tabak und Rum:/Erst bist du froh, dann fällst du um."

Trotzdem sind Appelle wichtig. Sie sind die Morgenrufe des Lebens, seine kategorischen Imperative (Kant), seine anspornenden Stacheln. Oft hilft gerade uns „Herzensträgen" der *paradoxe Appell* auf die

Beine. Bei einem Insomniker (chronisch Schlaflosen) ist es wenig hilfreich, ihn zum Einschlafen Schäfchen zählen zu lassen. Im klassischen Schlaftraining heißt es vielmehr: „Setzen Sie den Körper auf Schlafentzug, indem sie einen Monat lang erst um ein Uhr nachts ins Bett gehen und um sechs Uhr morgens wieder aufstehen. Keinen Mittagsschlaf machen. Halten Sie um jeden Preis die Augen offen. Versuchen Sie, keinen Augenblick einzuschlafen." Gegen diese paradoxe Intervention, *nicht einschlafen zu dürfen*, wehrt sich der Körper relativ schnell: Er schickt den ruhelosen Geist in Morpheus Arme.

Paradox intervenierte während meiner eigenen Schulzeit ein Lateinlehrer, als wir unruhig waren und den Unterricht störten. Er forderte uns auf, so laut zu schreien, wie wir könnten. Wir schrien uns die Hälse wund, aber er war nicht zufrieden. Er feuerte uns immer wieder an, unser Bestes zu geben. Dann konnten wir nicht mehr. Jetzt waren wir mucksmäuschenstill.

Natürlich ist die paradoxe Intervention ein zweischneidiges Schwert. Ich muss es vorsichtig aus der Scheide ziehen, sonst verletze ich den anderen. Paare, die feindselig vor mir sitzen, ermuntere ich gelegentlich, sich vor meinen Augen in einem rituellen Streitgespräch rückhaltlos und deftig zu beschimpfen, möglichst unterhalb der Gürtellinie. Das tun sie dann auch nach anfänglichem Zögern. Sie laufen zu grandioser Form auf. Dann brechen sie plötzlich ab – und lachen. Sie haben die Penetranz ihrer Beschuldigungsarie selbst entdeckt. Wenn ich sie dann noch bitte, sich gegenseitig zu sagen, was sie am anderen lieben, hören sie fast nicht mehr auf. Die Realität der alltäglichen Anziehung und Abstoßung ist wieder da. Die gemeinsame Seelenarbeit beginnt. Beiden wird deutlich: Die Liebe ist eine Suchbewegung.

Bleibt noch der *offene Appell*. Er ist ein Gesundmacher, das Herzstück einer guten Kommunikation. Die oben erwähnte Nina sagt: „Ich will ein Kind. Das ist für mich lebenswichtig. Du hast ein Recht, kein Kind zu wollen. Wenn du darauf bestehst, trennen sich unsere Wege in Freundschaft."

Warum vermeiden wir in der Liebe so häufig den offenen Appell? Schulz von Thun nennt dafür viele Gründe, die mir alle aus der Praxis vertraut sind. Da ist die Selbstoffenbarungsangst. Wenn ich als Mann an die Frau appelliere, „Gib mir in der Woche dreimal Sex", dann fürchte ich mich davor, ihr meinen starken Trieb zu offenbaren. Ich empfinde womöglich Scham. Vielleicht habe ich damit früher bereits schlechte Erfahrungen gemacht („Du willst doch nur das Eine"). Wenn ich als Frau fordere, „Sei zärtlicher zu mir", so fürchte ich, in seinen Augen klebrig zu erscheinen, den Sex zu verkomplizieren oder den Forderungen meines Partners nicht gerecht zu werden.

Bei jedem Appell riskiere ich eine mögliche Zurückweisung. Das macht mir Angst. Oft weiß ich auch nicht, ob ich mit meinem Appell die Grenze der Zumutung überschreite („Kannst du mir trotz deiner Grippe noch ein Hemd bügeln?"). Oder mein Appell entwertet den eigentlichen Wunsch – wenn du mir erst nach Aufforderung einen Blumenstrauß bringst, was bedeutet er dann noch für mich? Oder befürchte ich, dass du auf meinen Appell „Lass uns den heutigen Abend gemeinsam verbringen!" mit einem Ja antwortest, nur weil dir der Mut zum Nein fehlt?

Wir reden viel aneinander vorbei und verlieren uns dabei aus den Augen. Wir senden undeutliche Signale, erwarten jedoch ganz spezifische Reaktionen. Unsere Gespräche sind mit undeutlichen Appellen, Beziehungsanspielungen und vorwurfsvollen Selbstoffenbarungen gespickt. Sie sind geradezu mit Fettnäpfchen kontaminiert.

Schulz von Thun nennt ein klassisches Beispiel: „Könntest du nicht wenigstens heute einmal das

Geschirr spülen?", fragt die Ehefrau beleidigt. Sie blickt dabei, bis in die letzte Zelle eine *mater dolorosa*, auf die jahrelange Tortur ihres Hausfrauendaseins zurück. Aber was wäre, wenn unsere Schmerzensmutter mit Blick nach vorn einen offenen Appell an den ehelichen Faulpelz richten würde: „Würdest du bitte heute das Geschirr spülen?"

Natürlich stoße ich im offenen Appell auch auf das Nein oder ich spüre umso eher die schwammige Undeutlichkeit des anderen. Appell und Enttäuschung gehören zusammen. Dann muss ich Konsequenzen ziehen. Oft bewirkt der offene Appell aber auch wahre Wunder. Max, Filialleiter einer Bank, knapp über fünfzig Jahre alt, kam mit seiner gleichaltrigen Frau Brigitte zu mir. Brigitte war Alkoholikerin, genauer gesagt *Spiegeltrinkerin*. Sie trank täglich, in wachsender Dosierung, ausschließlich harte Drinks wie Schnaps, Kognak und Whisky. Als Notreserve trug sie in der Handtasche stets einen Underberg, den Wunderzwerg der Alkoholiker, mit sich. Der erwachsene Sohn war aus dem Haus. Brigittes Alkoholkrankheit hatte das respektable Alter von zwanzig Jahren. Die erste Paarsitzung war unbefriedigend verlaufen. Das Paar verschliss sich in wechselseitigen Vorwürfen und Ausflüchten.

Am Ende gewann ich jedoch Max dazu, AL-ANON zu besuchen, eine Selbsthilfegruppe für Angehörige von Alkoholkranken. Außerdem gab ich ihm den Klassiker von Anne Wilson Schaef (*„Coabhängigkeit"*) als Lektüre mit. Ich bat Max, unter den Augen seiner Frau, sich bis zur nächsten Sitzung zu entscheiden, ob er wirklich den Rest seines Lebens mit einer Alkoholikerin verbringen wollte.

Vier Wochen später kam Max mit Brigitte in die zweite Sitzung. Er hatte begriffen. Ich musste nichts sagen. Er bat seine Frau, sich ihm gegenüberzusetzen und sein „Statement", wie er es nannte, ruhig anzuhören. Max sagte: „Du weißt, dass ich dich liebe. Ich bin dir auch dankbar, was du für mich und unseren Sohn getan hast. Ich habe all die Jahre treu zu dir gehalten. Tausende Mal habe ich dir gesagt, du sollst das Trinken lassen. Jetzt habe ich erkannt, die Sucht ist stärker als du. Du kommst ohne Hilfe von ihr nicht los. In der Angehörigen-Selbsthilfegruppe AL-ANON habe ich begriffen, es ist keine Schande, Alkoholiker zu sein, es ist eine Schande, nichts dagegen zu tun. Du musst in eine Entzugsklinik. Das verlange ich unwiderruflich. Ich werde dir bei der Suche der richtigen Klinik helfen, aber du musst die Initiative ergreifen. Ich bettle nicht mehr, ich tue nichts mehr. Aber eines sage ich dir unumstößlich: Es ist jetzt Frühsommer, wenn du bis zum

Ende dieses Jahres nicht in die Klinik gegangen bist, werde ich dich verlassen."

Erstmalig war Brigitte beeindruckt. Sie stimmte zu. Wir verwandten den Rest der knappen einstündigen Sitzung darauf, die anstehenden Fragen ihres Entzugs und Brigittes künftige Perspektive liebevoll zu klären. Acht Wochen später betrat Brigitte die Klinik, ein halbes Jahr später erschien sie körperlich fit und seelisch strahlend mit Max in meiner Praxis. Ich gratulierte ihr mit Hochachtung im Herzen. Max und sie hatten die Wahrheit gewagt. Sein offener Appell hat sie zum Leben erweckt.

Selbstappelle können normgebende Wünsche sein. Und unsere Wünsche sind, wie Goethe in *Dichtung und Wahrheit* erkennt, „Vorgefühle der Fähigkeiten, die in uns liegen, Vorboten desjenigen, was wir zu leisten imstande sein werden." Der Selbstappell ist eine vorzügliche Form der Selbstkommunikation. Das kennen wir alle. Ich sage mir: „Reiß dich zusammen!" Oder: „Geh achtsam mit dir um!". Oder ich ermuntere mich mit dem Wort des Philosophen Kant: „Du kannst, denn du sollst!"

Die Beziehung:
Wie sprichst du eigentlich mit mir?

*Den Mund auftun und beleidigen ist bei manchen
Leuten eins.*

Jean le la Bruyère (1645 – 1696)
Die Charaktere

Unser Appellohr zu schärfen ist, so sahen wir, eine
unerlässliche Voraussetzung für unsere Dialogfähigkeit. Was uns einer sagt, das ist meist nicht zweck-
frei, sondern zielgerichtet. Es hängt an uns, den *verborgenen Appell* aus den Worten herauszuhören, ihn
zu klären, anzunehmen oder ihn gegebenenfalls
zurückzuweisen. Ebenso liegt es aber auch an uns,
auf der *Beziehungsebene* des Gespräches hellhörig zu
werden. Wenn Franz in rüdem Ton bemerkt, „Es ist
kein Bier im Kühlschrank", so fühlt sich Jutta mit
Recht von ihrem Herrn und Meister als Dienstmagd
und Trampel eingeschätzt. Mahnt er: „Die Ampel ist
grün!", sieht sich Jutta wieder einmal als Dumm-
chen und ewige Fahrschülerin klassifiziert.

Oft ist unser „Beziehungsohr" aber auch hypertroph,
also überentwickelt. Bei Erika und Horst, die wir aus

dem zweiten Kapitel kennen, war es so. Erika warf ihm in einer Paarsitzung vor, er ziehe sich mit seinen Büchern zurück und weigere sich, mit ihr über seine Lektüre zu sprechen. Horst erwiderte sachlich: „Es handelt sich um technische Fachlektüre, die verstehst du nicht." Erika fuhr wie von einer Tarantel gestochen auf: „Siehst du, du hältst mich für dumm. Das habe ich schon immer gewusst!" Davon konnte keine Rede sein. Horst schätzte Erikas pragmatische Intelligenz. Sie aber trug ein Trauma mit sich herum – ihr Vater hatte sie vom Gymnasium abgemeldet, so dass sie kein Abitur machen konnte. Dieser „Makel" haftete an ihr, ein Leben lang. Das war, medizinisch gesprochen, ihr *locus minoris resistentiae*, der *Ort des geringsten Widerstandes*. Als das in der Sitzung deutlich wurde, war sie sich ihrer Übersensibilität bewusst. Da alte Wunden leicht bluten, lernte Horst, ihre verborgene Empfindsamkeit zu schonen.

Erika tat sich auch schwer, zwischen *Selbstoffenbarungs-* und *Beziehungscharakter* in Horsts Verhalten zu unterscheiden. Wenn er sich in seine Bibliothek zurückzog, so nahm sie das als abwertende Beziehungsäußerung war: „Erika, du bist mir zu langweilig. Ich habe die Nase voll von dir." Dabei war es in neunzig Prozent der Fälle eine reine Selbstoffenbarungsäußerung in der Art: „Ich brauche jetzt etwas Ruhe und Zeit für mich."

Umgekehrt haben es Beziehungsbotschaften oft böse in sich. Denn vor allem in der begleitenden Gestik, der Mimik und dem Tonfall geben sie auf eine subtile indirekte Weise zu verstehen, was der Sender vom Empfänger hält und wie abschätzig er im Zweifelsfall mit ihm umgeht. Es handelt sich um eine Beziehungsdefinition des Senders. Wenn wir zum Beispiel vom „Sie" zum „Du" übergehen, so kann dies zweierlei bedeuten – es kann eine Kundgebung der Herzlichkeit und Sympathie sein oder eine rüpelhafte Herablassung und Respektlosigkeit.

Die Beziehungsbotschaft ist entweder *sympathisch*, *neutral* oder *antipathisch*. Wir sind ihr gegenüber besonders empfindlich, wenn wir als Kind unser Selbstkonzept auf Grund problematischer Beziehungsbotschaften entwickelt haben. Wer tausende Male gehört hat, „Du bist dumm und ungeschickt", der fühlt sich irgendwann tatsächlich dumm und ungeschickt. Schulz von Thun: „Der Empfänger erhält hier ja Informationen, wie er (vom Sender) gesehen wird. Auf der Suche nach seiner Identität (,Wer bin ich?') ist das Kind auf solche Hinweise angewiesen. Mit der Zeit verdichten sich die zigtausend Beziehungsbotschaften, die das Kind von seiner Umwelt erhält, zu der Schlussfolgerung ,So einer bin ich also!'".

Wohl die gnadenloseste aller *antipathischen* Beziehungsbotschaften ist die der Negativ-Beziehung: „So wie du bist, bist du nicht in Ordnung. Du bist unerwünscht. Du bist untragbar." Eben das – dieses Trommelfeuer vernichtender elterlicher Botschaften – besiegelte die kindliche Tragödie von Erika: „Ich konnte meinem Vater nichts, aber auch gar nichts recht machen. Weil ich kräftig und stämmig war, entsprach ich nicht seinem Elfenideal. Ich hatte eine laute Stimme und mehr den robusten Habitus eines Jungen. Sportlich war ich Spitze. Ich konnte gut schwimmen. Beim Wasserball war ich Kapitänin. Die Klassenkameradinnen schätzten meine Hilfsbereitschaft und meinen sarkastischen Witz. Eine Schönheit war ich allerdings nicht. Darunter litt ich. Da fühlte ich mich wie ein Aschenputtel. Meine Mutter verstärkte das noch. Sie bemerkte: ‚Lächle nicht so viel, sonst sieht man deine Biberzähne. Mit deinen strähnigen Haaren ist ja auch kein Staat zu machen.' Und: ‚Röcke kannst du nicht anziehen, man sieht sonst deine dicken Beine.'

Ich las viel. Meine Mutter sah das nicht gerne. ‚Du hast wohl nichts zu tun!', schimpfte sie und gab mir Hausarbeiten. Als ich einen Volkshochschulkurs über ‚Märchen in der Romantik' besuchen wollte, verbot es mir mein Vater. ‚Das ist hinausgeworfenes Geld für dich', kommentierte er. Einmal sagte er zu mir: ‚Du bist so ein unbegabtes Trampel. Ich weiß nicht, wie wir an dich geraten sind.' Tatsächlich war ich von meinen Eltern im Laufe der Zeit so eingeschüchtert, dass ich ihnen gegenüber kaum ein Wort herausbrachte. Ich weinte oft in meinem Zimmer und presste noch mit vierzehn Jahren verzweifelt meine Puppe an mich. Als ich mich mit fünfzehn unglücklich in einen Nachbarjungen verliebte – er hatte kein Interesse an mir –, lachten mich meine Eltern wegen meiner ‚romantischen Liebe', wie sie es nannten, aus. Dass mich Vater zwei Jahre vor dem Abitur vom Gymnasium nahm, war das Schlusskapitel meiner Kindheits- und Jugendtragödie. Eigentlich bin ich heute noch ein Minderwertigkeitskomplex auf zwei Beinen. Wenn ich ehrlich bin, muss ich sagen, ich kann es eigentlich nicht fassen, dass ein so gescheiter Mann und Akademiker wie Horst mich zur Frau genommen hat. Was kann ich ihm denn bieten?"

Negative Beziehungsbotschaften deformieren das Kinder-Ich. Sie führen zu einem beschädigten Erwachsenen-Ich. Die psychische Festung des Kindes wird zum Kerker des Erwachsenen. Solcher Art deformiert, wird der seelisch verkrüppelte Erwachsene nicht fähig sein, eine gleichberechtigte Beziehung einzugehen. Er sucht vielmehr unbewusst wieder eine komplementäre und hierarchische Beziehung, in der er sich selbst unten und der Partner oben befindet. Auch das ist, wie wir bereits früher gesehen haben, ein neurotischer Modus der Übertragung.

Bei Erika ist mir das besonders deutlich geworden. Sie nahm, bis in ihren unterwürfigen Sprechstil hinein, eine ängstliche, um Wohlwollen bettelnde und devote Position gegenüber Horst ein. Eine Wertschätzung, die ihr ein gesundes Selbstwertgefühl gegeben hätte, hatte sie nicht gekannt. Umgekehrt neigte Horst, der als Ältester von vier Kindern das alle beherrschende Alphatier gewesen war, zu einer dominanten und gelegentlich durchaus geringschätzigen Haltung gegenüber Erika. Sie verhielten sich beide komplementär, er als „Herr", sie als „Magd". Ich ermunterte Erika zu Selbstbewusstsein und Widerstand mit den Worten des Philosophen Kant: „Wer sich zum Wurm krümmt, soll sich nicht wundern, dass er zertreten wird" (vgl. M. Jung, *Kant – Die Revolution der Vernunft, emu-Verlag*).

In der Liebesbeziehung, am Arbeitsplatz oder in der Schule gibt es eine Fülle Beziehungsbotschaften. Sachgespräche sind oft, wie Schulz von Thun so schön sagt, von „Beziehungs-Stecknadeln" gespickt. Das sagt die Frau zum Mann: „Gefällt dir mein Kostüm wirklich? So sexy wie deine junge Kollegin bin ich natürlich nicht." Da „lobt" der Chef den Angestellten: „Für Ihre Verhältnisse haben Sie das ja erstaunlich fix hingekriegt." Da sagt der Lehrer zum Schüler mit zweideutigen Worten: „Unter den Einäugigen ist der Blinde König." Das tut weh und es bleibt als „Urteil" im Gedächtnis hängen.

Schulz von Thun schlussfolgert: „Unausgedrückter Groll und verborgene Verletztheit, vermiedene Auseinandersetzungen und scheinheilige Diplomatie, feindseliger Zwang und kleinbürgerliche Nörgelei, harte Argumentationskämpfe auf der falschen Ebene beherrschen häufig die Szene, wenn es auf der Beziehungsebene schwierig wird."

Auf die meist implizite Beziehungsbotschaft können wir angemessen oder unangemessen reagieren. Schulz von Thun nennt vier Reaktionsmuster. Ich kann deine Beziehungsbotschaft *akzeptieren*, wenn sie für mich stimmt: „Dein kumpelhafter Ton, deine leichte Ironie, dein bewundernder Tonfall sind gute Beziehungsangebote für mich. Ich fühle mich wohl und wahrgenommen. Weiter so!"

Ich kann aber auch dein verborgenes Beziehungsangebot diplomatisch *durchgehen lassen*. Du schlägst einen unmotiviert munteren Tonfall an. Ich bleibe sachlich. Du nimmst Körperkontakt mit mir auf und berührst mich am Arm. Ich bin freundlich, erwidere aber die Berührung nicht.

Reagiere ich jedoch mit der verbalen Aufforderung „Lass das. Ich mag Berührungen nicht", so habe ich mich entschlossen, den Beziehungsvorschlag des Senders *zurückzuweisen:* Empfang verweigert.

Schließlich kann ich die Beziehungsofferte *ignorieren.* Ich erwidere deinen Gruß nicht oder gehe auf deinen bedeutungsvollen Blick einfach nicht ein. Damit entwerte ich dich, ich behandle dich wie Luft.

Das sind alltägliche Situationen. Wenn im Intercity mein Gegenüber ein Gespräch mit mir sucht, kann ich das akzeptieren („Ein schöner Zeitvertreib"), durchgehen lassen („Na ja, was soll es"), zurückweisen („Ich möchte jetzt lieber lesen") oder einfach ignorieren („Stumm zum Fenster hinausschauen").

Wo immer wir gehen und stehen, wir handeln eine Beziehung, bewusst oder unbewusst, aus. Wenn wir selbst der Sender sind, so erzwingen wir uns manchmal, gerade in der Liebesannäherung, das Interesse des anderen durch ein drastisches Beziehungsangebot: „Ich möchte Sie gern kennen lernen. Darf ich Sie zu einer Tasse Kaffee einladen?" Wer interessieren will, muss manchmal provozieren!

Beziehungsklärungen sind also unerlässlich. Ebenso unerlässlich sind *positive Beziehungsbotschaften.* Das haben wir bereits in den bisherigen Fallvignetten gesehen. Schauen wir uns eine weitere an, in der Sender und Empfänger wie in einem schlecht eingestellten Radio ein Stimmengewirr bilden.

Anne und Hilla, ein lesbisches Paar, kamen zerstritten in meine Praxis. Ihr Ärger machte sich an den Finanzen (Anne) und der Hausarbeit (Hilla) fest. Die Vorwürfe waren auf beiden Seiten massiv. Anne, 38, die als Lehrerin das Geld verdiente und damit im Wesentlichen die Lebensgemeinschaft finanzierte, zürnte gegenüber der zehn Jahre jüngeren Studentin Hilla: „Du gehst liederlich mit meinem Geld um. Du schmeißt alles zum Fenster hinaus. Ständig kaufst du dir Klamotten und machst unsinnige Ausgaben. Du bist ein Luxusweibchen. Wie ich das hasse. Jetzt haben wir kein Geld für den geplanten Urlaub. Mein Konto ist überzogen. Aber das interessiert dich ja nicht."

Anne war rot vor Zorn. Aber Hilla war auch nicht von Pappe. Ich hätte diesem zarten Reh mit seinen Bambiaugen solche Töne gar nicht zugetraut. Hilla: „Was heißt denn hier dein Geld? Es ist unser Geld! Wir leben schließlich arbeitsteilig. Ich mache den Haushalt. Du rührst keinen Finger. Du lässt dich bedienen wie eine Königin. Dabei stecke ich im Examen. Du kannst ja nicht einmal kochen. Hast du auch nur einmal eine Bluse gebügelt oder die Fenster geputzt? Dafür ist sich die Frau Lehrerin ja zu gut. Stattdessen maniküurst und pediküurst du den ganzen Abend herum und sitzt faul vor dem Fernseher, während ich meine Diplomarbeit schreiben muss. Das ist doch die Höhe!"

Ich war einen Augenblick ratlos. Ich kam mir vor wie ein Dompteur im Tigerkäfig. Wie Raubkatzen fauchten sich die Lebensgefährtinnen aggressiv an. Dann besann ich mich auf eine Technik, die ich in der Ausbildung zum Gestalttherapeuten gelernt hatte, das *Doppeln*. Ich stellte mich hinter Annes Sessel und sagte leise, ihre von mir vermutete innere Stimme imitierend: „Ach, Hilla, ich möchte doch einmal nur deine Anerkennung für meinen beruflichen Fleiß spüren. Die Schule ist so anstrengend, manchmal auch demütigend. Ständig dieser Stress. Die Vorbereitungen für die Stunden strapazieren mich. Wenn ich am Spätnachmittag aus dieser Gesamtschule rauskomme, bin ich völlig erschossen. Ich muss mich dann einfach abspannen vor dem Fernseher oder mit Kosmetik. Außerdem habe ich immer sparen müssen. Jetzt habe ich endlich ein regelmäßiges Einkommen. Aber das Geld zerrinnt uns zwischen den Fingern. Das macht mir Angst. Glaub mir, meine Rolle als unsere Finanzministerin gefällt mir gar nicht. Ich bin doch nicht geizig. Aber ich brauche nun einmal die Sicherheit und Rücklagen und geordnete Planung. Ich brauche dein Lob dafür."

Anne nickte mit dem Kopf. Sie war bewegt und still. Hilla hatte aufmerksam gelauscht. Dann trat ich hinter Hillas Stuhl. Ich doppelte sie mit den Worten: „Anne, Liebe, mir geht es gar nicht gut in meiner Rolle. Ich habe mich noch nie in meinem Leben aushalten lassen. Ich komme mir vor wie damals, als kleines Mädchen, wenn meine Mutter widerwillig das Taschengeld herausrückte. Ich fühle mich so unproduktiv. Ich verdiene kein Geld. Das Bafög reicht gerade zum Nötigsten. Alles Weitere kriege ich von dir. Ich kann dir so wenig bieten. Ich sitze schließlich Tag und Nacht über den Büchern und schreibe meine Arbeit. Das Examen macht mir Angst. Ich bin ja so unsicher. Bei dir versuche ich mich dadurch zu revanchieren, dass ich den Haushalt tipptopp mache und dich damit verwöhne. Ich habe das Gefühl, du nimmst das gar nicht wahr. Vielleicht ist es dir sogar lästig. Ich komme mir vor wie ein reizloses Hausmütterchen. Der Sex zwischen uns hat auch nachgelassen. Ich fürchte, ich bin nicht mehr attraktiv für dich. Ich habe Angst, du verlässt mich irgendwann genauso abrupt, wie du deine letzte Frau verlassen hast."

Hilla begann zu weinen. Das war genau das, was an Angst und Trauer hinter ihrem Hass steckte. Hass ist enttäuschte Liebe. Nunmehr fanden beide zusammen. Sie gaben sich in der Paarberatung positive Botschaften. Sie lauteten, auf ihren Kern gebracht, etwa so: „Ich liebe dich. Ich bin stolz auf dich."

„Ohne frisches Heu werden die Pferde nicht satt", sagt das chinesische Sprichwort, „ohne Beziehungen die Menschen nicht reich". Wir sind Weltmeister darin, diesen Reichtum durch neurotische Manöver zu schmälern. So entstehen Beziehungsstörungen. Oft haben wir es uns aber auch im gemütlichen Elend einer Beziehungsstörung bequem eingerichtet.

Dann empfiehlt es sich vielleicht, mit einem Augenzwinkern über das folgende „Anti-Märchen" nachzudenken – es ist das kürzeste, frechste und prägnanteste Märchen, das ich kenne: „Es war einmal ein stattlicher Prinz. Eines Tages fragte er die wunderschöne Prinzessin: ‚Willst du mich heiraten?' und sie antwortete: ‚NEIN!!!' Und der Prinz lebte viele Jahre lang glücklich. Er ging angeln und jagen. Er hing jeden Tag mit seinen Freunden herum und betrank sich so oft er wollte. Er spielte Golf, ließ seine Jacke auf der Stuhllehne im Esszimmer hängen, pinkelte im Stehen und hatte Sex mit Dirnen und Nach-

barinnen und Freundinnen. Er furzte nach Herzens-
lust und sang und rülpste und kratzte sich ausgiebig
am Hintern. Und wenn er nicht gestorben ist, so feiert
er noch heute."

Die Selbstoffenbarung:
Was zeigst du von dir?

Darin besteht die Liebe: dass sich zwei Einsame beschützen
und berühren und miteinander reden.

Rainer Maria Rilke

Unser Ich ist labil. Nach den Beobachtungen der Psychologie und der Gehirnphysiologie ist es in einem Fließgleichgewicht. Es schlägt wie ein Elektrokardiogramm in Spitzen über und unter die Mittelachse aus. Im emotionalen Mikroklima eines Tages wechselt meine Stimmung und mein Identitätsgefühl mindestens ein Dutzend Mal. Ich stehe vielleicht übernächtigt und missmutig an einem dunklen Wintermorgen auf. Meine seelischen Funktionen sind herabgesetzt. Unter der Dusche beginne ich aufzuwachen. Beim behaglichen Frühstück fühle ich mich wohl. Dann senkt eine zänkische Bemerkung des Partners wieder meinen Stimmungspegel. Wenige Minuten später befinde ich mich voller Tatendrang im Auto, auf dem Weg zur Arbeit. Dann nervt mich ein Stau. Meine Leichtigkeit ist weg. Der Pförtner in der Firma begrüßt mich lächelnd. Ich

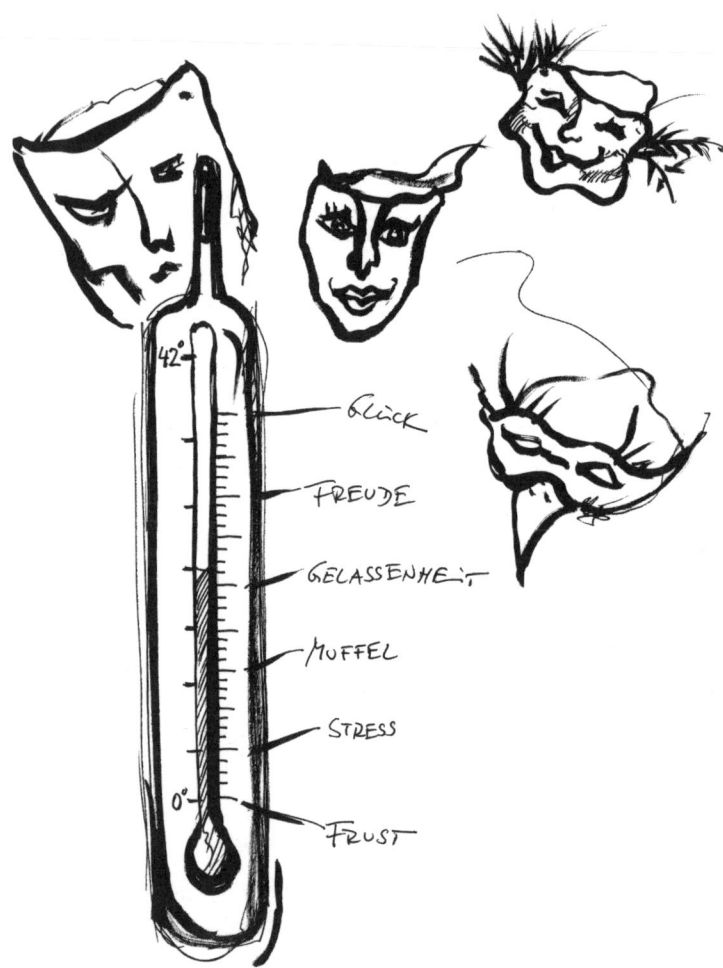

GLÜCK

FREUDE

GELASSENHEIT

MUFFEL

STRESS

FRUST

42°

0°

blühe auf. Dann finde ich eine aggressive Notiz meines Chefs auf dem Schreibtisch: Talfahrt der Gefühle. Und so weiter, den ganzen Tag durch.

Vom sozialen *Über-Ich* bin ich wie die meisten meiner Mitmenschen darauf trainiert, mir die Achterbahnfahrten meiner Gefühle nicht anmerken zu lassen. Ich setze, wie C. G. Jung sagt, meine *persona*, mein gleichmütiges professionelles Gesicht, auf. (Die *persona* war im Alten Rom die tönerne Maske der Schauspieler!) Hingebungsvoll mime ich den Sachbearbeiter, den Informatiker, die Kinderärztin, die Buchhalterin, den Maschinenbauingenieur. Im Privaten lasse ich mich eher gehen. Verstohlen, wie eine Blähung, lasse ich eine *Selbstoffenbarung* entweichen. Mein Tonfall und meine abwertende Gestik verraten mich: „Jutta, es ist kein Bier im Kühlschrank".

Die *Selbstoffenbarungsbotschaft*, der letzte und vierte Nachrichtenaspekt, erfordert von mir die Fähigkeit zur zweifachen Diagnostik: Eigendiagnostik und Fremddiagnostik.

Beginnen wir mit dem Ersteren. Mein Geschrei „Es ist kein Bier im Kühlschrank" gibt mir die reflexive Chance, mir meiner inneren Stimmungslage bewusst zu werden und damit konstruktiv umzugehen. Ich könnte jetzt in die Selbstkommunikation eintreten und mir sagen: „Was schreie ich hier so herum? Ach ja, ich bin sauer. Die kränkende Bemerkung meiner Frau heute Morgen, der Stau auf der Autobahn, die happige Notiz des Chefs, das alles habe ich noch nicht verdaut. Ich muss das erst einmal ruhig mit Jutta durchsprechen und die Beine hochlegen." Damit käme ich mir nahe und erhielte höchstwahrscheinlich Trost und Ermunterung.

„Ein Leben ohne Selbsterforschung wäre nicht wert, gelebt zu werden", sagte Sokrates 399 v. Chr. vor dem Athener Gericht, das ihn zum Tode verurteilte. Selbstwahrnehmung und Selbstoffenbarung sind die beiden Mittel, um mit sich und der Umwelt klarzukommen. Wer sich selbst mit seinen widersprüchlichen Antrieben und Abgründen, der Entstehungsgeschichte seiner komplizierten Persönlichkeit, seinen Ängsten, Bedürfnissen und Abwehrmechanismen nicht kennt, der wird auch andere Menschen nicht verstehen.

Womit wir bei der Fremddiagnostik sind. Wenn wir auf die feinen Untertöne, die Art des Blickes und der Gestik eines Menschen achten, so vermögen wir etwas von seiner Selbstoffenbarung gleichsam zwischen den Zeilen zu spüren und ihn besser zu verstehen. Das ist nicht nur aggressionsvermeidend und kommunikationsfördernd, sondern auch spannend. Das macht, wie ich immer wieder dankbar feststelle, die Sonnenseite meines therapeutischen Berufes aus. Fjodor M. Dostojewski konstatierte in einem seiner Briefe: „Der Mensch ist ein Geheimnis. Man muss es enträtseln, und wenn du es ein ganzes Leben lang enträtseln wirst, so sage nicht, du hättest die Zeit verloren. Ich beschäftige mich mit diesem Geheimnis, denn ich will ein Mensch sein."

Weil die Selbstoffenbarung Angst macht, tarnen wir sie meist. Warum ist das so? Sie ist mit tief verborgenen Erlebnissen aus unserer Kindheit imprägniert. Mit Freud könnte man sagen, das *Ich* ist ein streckenweise angstvoller Kompromiss zwischen dem *Es* der schrankenlosen kindlichen Triebwelt, und dem *Über-Ich*, dem rigiden Normsystem der Eltern, der Kirche, der Schule, kurz der Gesellschaft.

Schulz von Thun bringt diesen schmerzhaften, disziplinierenden, aber auch kulturell notwendigen Triebverzicht und Normierungsprozess prägnant auf den Begriff: „Das Kind macht im Laufe der Zeit die Urteile seiner Richter zu seinen eigenen, es ‚verinnerlicht' sie. Verbote der Gefühle und Handlungsimpulse brauchen zur Unterdrückung keinen Richter von außen mehr, sie lösen automatisch Schuld- und Schamgefühle aus: Der Richter ist in uns in Gestalt eines Gewissens, Ehrgefühls oder Über-Ichs. Durch diese Über-Ich-Bildung kommt die Angst nicht mehr so stark auf, denn Impulse, die Strafe nach sich ziehen, werden rechtzeitig unterdrückt – ein Deckel auf der Schlangengrube."

Damit diese „Schlangen" des Unbewussten nicht aus ihren Verstecken ans Tageslicht kriechen und unser Innerstes preisgeben, verhüllen wir unsere Nacktheit. In Wahrheit sind wir gar nicht so brav, so fromm, so asexuell, so lieb, altruistisch, so verständnisvoll, so *gut*. „Es gibt zwei gute Menschen", sagt ein altes Sprichwort, „– der eine ist tot, der andere noch nicht geboren". In jedem von uns steckt auch der Antagonist, der Antibürgerliche, Asoziale und Liederliche. Meist haben wir diese inneren Akteure in den letzten Winkel unseres Unbewussten verdrängt.

Im März 2008 musste etwa, um ein Beispiel heranzuziehen, Eliot Spitzer, der Gouverneur des Staates New York, über Nacht zurücktreten. Er hatte sich als penetranter Moraltrompeter einen Namen gemacht und den Kampf gegen die „Unsittlichkeit" auf die Fahnen geschrieben. Dann stellte sich heraus, dass er einer der Spitzenkunden eines exklusiven Callgirlringes gewesen war und sich die Mädchen für exorbitante Summen in seine Hotelsuite bringen ließ . . .

„Das Wissen, wie man sich verstellt", sagte schon der intrigenerfahrene französische Staatsmann und Kardinal Richelieu (1585 – 1642), „ist das Wissen der Könige" – und der Politiker. Das Imponiergehabe ist der Zwillingsbruder des Minderwertigkeitskomplexes. Wer ein schwaches Ich hat, muss es aufblähen. Es ist wichtig, dass wir dieses innere Drama des Imponiermenschen begreifen, weil wir sonst unbarmherzig werden.

Ewald, ein auf dem zweiten Bildungsweg zum Fachhochschulingenieur avancierter Sohn eines Bauarbeiters, kam zu mir, um sich, wie er sich ausdrückte, von mir „coachen" zu lassen. Der Begriff stammt ursprünglich aus dem mittelalterlichen Fahrgewerbe: Der Kutscher, der *coach*, lenkt die Kutsche. Mir wurde klar, dass Ewald dringend einer Therapie bedurfte, aber dies vor seinem zwanghaften Über-Ich nicht zugeben konnte. Also ernannte er mich hoheitsvoll zu einer Art Chefberater. Wenn ich nicht Ewalds Not gespürt hätte, wäre er mir mächtig auf den Senkel gegangen. Er spielte sich auf, er produzierte sich und schlug Räder wie ein Pfau. Natürlich war er, seinen Angaben nach, eine absolute Spitzenkraft in seinem „marktführenden Betrieb", wie er posaunte: „Die Mitarbeiter sind unfähig, der Chef senil, ich habe den Betrieb in die schwarzen Zahlen gebracht."

Ewald streute imposante englische Fachausdrücke in seine selbstdarstellerischen Monologe, er sprach vom *shareholder value*, vom *defizit spending* und vom *outsourcing*, kurz, er schlug mir das aalglatte Vokabular der wirtschaftlichen Spitzenetagen so um die Ohren, dass ich ihm oft nicht folgen konnte. Mit wahren verbalen Maschinengewehrsalven streckte er mich nieder, bevor ich überhaupt nachfragen konnte. Vor allem redete er fast unaufhörlich nur von sich. Die wichtigsten Menschen seiner Umwelt, seine Frau, der Chef, die Kollegen, kamen nur als schattenhafte Komparsen der eigenen Inszenierung vor. Wie sagt doch die Aphoristikerin Marie von Ebner-Eschenbach so scharfsinnig: „Menschen, die viel von sich sprechen, machen, so ausgezeichnet sie übrigens sein mögen – den Eindruck der Unreife."

Ewalds Situation veränderte sich noch während der Therapie dramatisch. Sein Imponiergehabe basierte auf Wunschvorstellungen. Tatsächlich befand sich der angebliche mittelständische Branchenführer, der, die Sekretärinnen mitgezählt, genau zehn (!) Mitarbeiter besaß, in den roten Zahlen und musste Insolvenz anmelden. Ewald, unsere europäische Spitzenkraft, war der Erste, dem der Chef mit den Worten kündigte, „Ich habe Ihre Rechthaberei und Selbstgefälligkeit satt". Da saß nun Ewald wie ein

Häufchen Unglück auf dem Sofa in meiner Praxis und kämpfte zum ersten Mal mit den Tränen.

Ewald wurde mir menschlich. Ich habe schließlich selbst auch berufliche Niederlagen in meinem Leben erlebt. Jetzt konnten wir zusammen wirklich die „Kutsche" aus dem Dreck ziehen. Wir taten das, indem wir hinter Ewalds Imponiervorhang die karge Bühne seiner tatsächlichen Lebenswirklichkeit betraten und aufräumten. Er hatte sich übrigens, typisch für den Imponierschauspieler, *komplementär* eine äußerlich unscheinbare und introvertierte Frau ausgewählt, ähnlich wie umgekehrt die „dumme" Erika ihren „gescheiten" Horst.

In der Stunde der Not erwies sich Ewalds Frau Sybille jedoch als eine wahre Jeanne d'Arc: Die Mutter von zwei halbwüchsigen Kindern besserte jetzt sein Arbeitslosengeld durch acht (!) Stunden Putzen täglich auf. Sybille bekannte ihm nun: „Früher habe ich mich immer etwas vor deinem Großtun gefürchtet. Ich bin mir klein vorgekommen. Jetzt, wo du abgestürzt bist, bist du auf gleicher Augenhöhe mit mir. Du bist ja gar nicht so ein Überflieger. Du bist ein ganz Lieber."

Männer neigen besonders zur *Fassadentechnik*. Was Frauen oft mit Kosmetik bewerkstelligen, indem sie sich ein künstlich-mondänes Aussehen geben und zur Maske erstarren, das machen Männer verbal. Sie sperren sich großflächig ab. Sie zeigen keine Schwächen. Schon gar nicht offenbaren sie Gefühle. Sie sind emotionale Sparschweine. Sie spielen den starken Max. Auf alles haben sie eine sachliche Antwort. Nur ja keine Angst, Herzklopfen, Trauer oder Zweifel zeigen. Sie rasseln durch das Leben wie ein Bundeswehrpanzer, dröhnend und auf schweren Ketten. Ihre Fassade ist geschlossen, die Seelenfenster verblendet und sorgfältig abgedichtet.

In einem psychologisch bitterbösen Sketch habe ich diesen männlichen Eiszapfen und Fassadeur satirisch wiedergefunden: Die warmherzige Eva trifft nach Jahren ihren alten Schulfreund Hans wieder. Eva: „Wie geht es dir, Hans?" Hans: „Ganz gut. Meine Frau ist vor einem halben Jahr gestorben." Eva: „Um Gottes willen, was hat sie denn gehabt?" Hans: „Eine kleine Modeboutique." Eva: „Nein, nein, was hat ihr denn gefehlt?" Hans: „Na ja, ein paar tausend Euro, um das Geschäft zu vergrößern." Eva: „Nein, ich meine, woran ist sie gestorben?" Hans: „Ach so, sie wollte Sauerkraut und Kartoffeln aus dem Keller holen und ist auf der Treppe gestürzt. Da hat sie sich das Genick gebrochen." Eva: „Was hast du dann gemacht?" Hans: „Nudeln."

Die Fassade schafft Abstand. Sie lässt kein mitmenschliches Schwingen zu. Sie hält den Gesprächspartner auf Distanz. Sie selbst *ist* die Distanz. Sie beschwört Missverständnisse. Sie senkt die emotionale Zimmertemperatur. Typisch für den Fassadentechniker verwandte Ewald gerne „Man-Sätze". Er sagte: „Man darf heute im Geschäftsleben keinen einzigen Fehler machen". *Selbstoffenbarend* hätte es stattdessen heißen dürfen: „Ich habe Angst, einen Fehler einzugestehen. Ich musste schon als Kind immer perfekt sein. Meine Eltern waren sehr streng."

Wie ein Teufel das Weihwasser vermied Ewald auch Ich-Botschaften – und damit Intimität. So sagte er beispielsweise zu Sybille in der Sitzung: „Du kannst doch keinen arbeitslosen Mann brauchen. Dann verlierst du doch jeden Respekt vor ihm." Woher wusste er das so genau? Besaß er eine Filiale in Sybilles Gehirn? Ich bat Ewald, den gleichen Satz als Ich-Botschaft zu formulieren. Schließlich brachte er zögerlich heraus: „Ich fürchte, du kannst mit mir nichts mehr anfangen, wenn ich arbeitslos bin. Ich habe Angst, du verlierst die Achtung vor mir." Nun war Sybille gerührt. Sie spürte die Nöte des kleinen Jungen in ihrem Ewald. Statt ihm lange Versicherungen abzugeben, stand sie auf und schloss ihn in die Arme.

Wie brutal Männer mit sich umgehen, das habe ich in meinem Buch *Reine Männersache* ausführlich beschrieben. Mit ihrer Blendfassade und Gefühls-arthrose schaufeln sie sich selbst das Grab. Das ist durchaus wörtlich zu verstehen. Männer begehen dreimal so oft Suizid wie Frauen, sie sterben fünf Jahre früher als diese, sie rauchen mehr und trinken mehr Alkohol, sie füllen die Gefängnisse, ernähren sich miserabel, fahren riskanter und verursachen vier von fünf tödlichen Verkehrsunfällen. Das starke Geschlecht ist in Wahrheit hinter seiner Monumen-talfassade schwach und verletzlich.

Demgegenüber neigen Frauen oft zur *demonstrativen Selbstverkleinerung* (Schulz von Thun). Sie beruht ein-mal auf ihrem Minderwertigkeitsgefühl. Sybille hat-te im Grunde den gleichen „Minderwertigkeitskom-plex" (Alfred Adler) wie ihr Ewald. Nur: Sie zeigte ihn, er verbarg ihn hinter seinem Imponiergehabe. Bis zu Ewalds wirtschaftlichem Zusammenbruch zog Sybille aber auch Gewinn aus ihrer permanenten Selbstverkleinerung. Auf der Selbstoffenbarungs-ebene signalisierte sie nämlich ihrem Mann ständig: „Ich bin so schwach, bitte, bitte, hilf mir". Das tat Ewald denn auch prompt. Beide profitierten auf eine ungesunde Weise davon: Sybille ließ sich die Lasten des Lebens in der rauen Außenwelt abnehmen. Ewald, der Neurosenkavalier, fühlte sich als Retter der Hilflosen und Waisen in seinem megalomanen Ich noch bestärkt. Die komplementäre Beziehung eines Fassadentechnikers mit einer sich verkleinernden Zwergenfrau ist eine gegenseitige Freiheitsberaubung in beiderseitigem Einvernehmen.

Ob Imponiertechnik, Fassadentechnik, demonstrative Selbstverkleinerung – diese Selbstdarstellungstechniken sind allesamt unwahrhaftig. Sie sind schädlich. Der Sender geriert sich als Schauspieler, der Empfänger als unkritisches oder unwilliges Publikum. Der Schauspieler-Sender ist auf die Dauer überfordert. Er leidet Schaden an seiner seelischen Gesundheit. Dem Empfänger kommen Solidarität und Mitgefühl abhanden. Hinter den Kulissen der Beziehung bröckelt es, manchmal bis zum Zusammensturz.

Senta, die fünfundvierzigjährige Frau eines Staranwalts und begeisterte Alpinistin, verliebte sich eines schönen Sommertages unsterblich in ihren etwas älteren Bergführer. Senta, von Beruf Physiotherapeutin und eine kraftvolle, zupackende Natur, bekannte mir: „Eigentlich sollte ich mich ja schämen, dass ich meinen Mann betrüge, aber ich empfinde keine Reue. Seine Lebensart missfällt mir. Er ist so eitel. Er bewegt sich nur in der so genannten High Society und ist auf jeder Benefizgala zu sehen. Er schmeißt sich an alle Prominenten heran. Er tut fürchterlich kultiviert und gebildet. Dabei ist es mit seiner Bildung gar nicht so weit her. Er hat seit dem Abitur keinen Roman mehr gelesen und versteht nichts von klassischer Musik. Sein Lebensinhalt sind Partys und Golfen. Da ist mein Bergfreund ganz anders. Er ist so herrlich unkompliziert. Er lacht und weint und erzählt so ergreifend von seiner verstorbenen Frau. Er hat nie eine höhere Schule besucht, aber er hat ein Herz aus Gold, ist neugierig auf alles und kann wundervoll zuhören." Senta erkannte ihre Ehe als Illusion. Sie wäre gern ihrem Mann treu geblieben. Aber in ihm fand sie nicht den Mann, dem sie treu bleiben wollte.

Als „Sender" sollten wir achten, dass in unseren „Aussendungen" – sofern sie nicht rein geschäftlich-sachlicher Natur sind – ein gewisses Maß an Selbstoffenbarung, an emotionalem Timbre liegt. In meiner Ausbildung lernte ich, dass der Therapeut zur selektiven Offenheit fähig sein muss. Das will sagen, dass er gelegentlich ein Stück von sich preisgibt, um mit dem Klienten auf gleicher Ebene zu sprechen, ihm die Angst zu nehmen und mit ihm gemeinsam zu „schwingen". Diese „selektive Offenheit" ist für unser Sprechen generell notwendig. Wir brauchen Mut zu dieser partiellen Entblößung. Der Arzt und Dichter Arthur Schnitzler diagnostizierte:

„Die Entblößung der Gefühle ist viel anstößiger als die des Körpers." Aber sie macht uns menschlich. Sie schafft Bindung zwischen uns. In der Blöße liegt die Größe.

Reden heißt sich binden. Spracharmut hungert die Gefühle und die Liebe aus. Der Dichter Robert Musil beschreibt dies in seinem Jahrhundertroman *Der Mann ohne Eigenschaften* mit den Worten: „Der Mensch, recht eigentlich das sprechende Tier, ist das Einzige, das auch zur Fortpflanzung der Gespräche bedarf. Und nicht nur, weil er ohnehin spricht, tut er es auch dabei, sondern anscheinend ist seine Liebseligkeit mit der Redseligkeit im Wesen verbunden, und das ist so tief geheimnisvoll, dass es fast an die Alten gemahnt, nach deren Philosophie Gott, Handeln und Dinge aus dem ‚Logos' entstanden sind, worunter sie abwechselnd den Heiligen Geist, die Vernunft und das Reden verstanden haben."

Sprechstile:
Aggressiv, helfend, distanziert, dramatisierend

*Die Worte mancher Leute sind wie Messer; die Worte
weiser Menschen bringen Heilung.*
(Biblische) Sprichwörter 12,18

Solange wir leben, reden wir. Der Philosoph Ludwig
Feuerbach (1804–1872) schreibt in *Das Wesen des
Christentums:* „Das Wort macht den Menschen frei.
Wer sich nicht äußern kann, ist ein Sklave. Sprachlos
ist darum die übermäßige Leidenschaft, die übermäßige Freude, der übermäßige Schmerz. Sprechen ist
ein Freiheitsakt; das Wort selbst ist Freiheit."

Häufig misshandeln wir aber auch, bewusst oder
unbewusst, diesen Freiheitsakt des Sprechens. Friedemann Schulz von Thun nennt im zweiten Band
seines Werkes *Miteinander reden* unter dem Titel *Stile,
Werte und Persönlichkeitsentwicklung* acht Kommuni-
kationsstile:

○ der bedürftig-abhängige Stil
○ der helfende Stil

o der selbst-lose Stil

o der aggressiv-entwertende Stil

o der sich beweisende Stil

o der bestimmend-kontrollierende Stil,

o der sich distanzierende Stil

o der mitteilungsfreudig-dramatisierende Stil

Wir greifen hier vier scharf voneinander abweichende Sprechtypen heraus und streifen die anderen nur kurz. Die „Sprachfronten" liegen einerseits meist zwischen Frauen und Männern, andererseits zwischen den Berufsgruppen. Hier stehen sich Ingenieure, Kaufleute, Mathematiker, Juristen, Manager, Naturwissenschaftler (überwiegend Männer) und Erzieherinnen, Sozialarbeiterinnen, Geisteswissenschaftlerinnen, Lehrerinnen und Psychotherapeutinnen (überwiegend Frauen) gegenüber.

Die erste Gruppe repräsentiert den Typus des *homo faber*, des *gestaltenden Menschen*, im Reich der Sachen, Computer, Maschinen und Zahlen. In der zweiten Gruppe finden wir die Bindungsspezialistinnen, die sich mit Behinderten, Kindern, Jugendlichen, Alten, Kranken, Straffälligen auseinandersetzen. Die technische und die soziale Gruppe sprechen unterschiedliche Sprachen, vereinfacht gesagt, die *Sachsprache* hier, die *Beziehungssprache* dort. Das geschieht frei nach dem Sprichwort: „Fische fängt man mit Angeln, Menschen mit Worten."

Umgekehrt sind wir sprachlich-mental natürlich auch durch unsere berufliche Dimension geformt. Schulz von Thun: „Die ‚Sozialen' können meist gut zuhören oder auf den Gesprächspartner eingehen, auch auf das, was an Gefühlen zwischen den Zeilen mitschwingt. Auch was in ihnen selbst vorgeht, können sie ausdrücken und werden so als Mensch greifbar (und angreifbar). Hingegen tun sie sich auf den Bühnen der beruflichen Begegnung oft recht schwer, ein klares Rollenbewusstsein zu entwickeln und entsprechend zu kommunizieren; das heißt zu unterscheiden, was sie etwas angeht und was nicht, wo die Gefühle wichtig sind und wo nicht, was mit ihrer Rolle im Einklang ist und was nicht. Meist fällt ihnen die Akzeptanz leichter als die Konfrontation, die Authentizität leichter als die wirkungsbedachte Rhetorik – sie müssen lernen, für ihre Ziele kämpferisch einzutreten, zu überzeugen und sich wirkungsvoll darzustellen, ferner mit Themen wie Geld, Macht, Hierarchie, Konkurrenz ohne Scheu umzugehen."

Für die „Techniker" sieht Schulz von Thun die Situation ganz anders: „War die authentische Begegnung von Mensch zu Mensch eine Domäne der sozialen Gruppe, so hat die kaufmännisch-technische (distanzierend, kontrollierend, sich beweisend und aggressiv-entwertend) hier am meisten zu lernen. Gewohnt, auf der inhaltlichen Ebene argumentativ und leistungsorientiert zu operieren, schwanken sie auf der Beziehungsebene oft zwischen übermäßiger Distanz, Rechthaberei, Hilflosigkeit und Aggression ... Demgegenüber fällt es ihnen leichter, eindeutige Rollenbeziehungen herzustellen und sich in ihren beruflichen Kontexten zu bewegen; klare Anweisungen sind von ihr eher zu erwarten als von der sozialen Gruppe, die manchmal dazu neigt, ihr Ideal von ‚Miteinander' überzustrapazieren."

Die Sprache ist das Kleid der Seele. Alle Sprechtypen verraten etwas von ihrem seelischen Werdegang, ihren „Grundformen der Angst" (Fritz Riemann) und ihrer Überlebensstrategie. Man muss hier nur genau und mit einem wohlwollenden Blick hinschauen. Frage dich einmal, lieber Leser: In welchem der folgenden Sprechtypen finde ich mich? Was ist gut daran? Womit bereite ich mir Schwierigkeiten? Was muss ich ändern?

*

Da ist der *aggressiv-entwertende* Stil. Eines Tages kam Bernd, Mitte dreißig, mit seiner gleichaltrigen Frau

Conny in meine Sprechstunde. Der Grund: Bei Bernd klappte es im Beruf und in der Ehe nicht. Er hatte bereits fünf Mal die Stelle gewechselt. Um es genauer zu sagen, ihm war, im Rahmen eines *gentlemen agreement*, die Selbstkündigung nahe gelegt worden. In der Ehe spielte er den Despoten. Er tyrannisierte Conny und die beiden kleinen Kinder. Conny erwog ernsthaft, sich von Bernd zu trennen. Seine beruflichen Stellungen hatte Bernd verloren, weil er seine Chefs und Kollegen wiederholt in aggressiv-abwertender Manier als „Idioten" und „Nullen" bezeichnet hatte und einen arroganten Ton pflegte. Auch die Begegnung mit mir begann er abwertend: „Ich halte ja von Psychotherapeuten nicht viel. Sie haben meist selbst einen Hau weg."

Nicht viel anders sprang Bernd mit Conny, die halbtags als Altenpflegerin arbeitete, um. Als sie ihn darauf hinwies, dass er nicht nur in der Familie, sondern auch im Beruf ständig anecke und immer die Schuld bei anderen suche, strafte er sie mit den Worten ab: „Du kannst da ja gar nicht mitreden. Du hast doch nur mit dementen Alten zu tun. Was weißt du schon vom Wirtschaftsleben! Weil du so viel Angst hast, habe ich mich nicht selbstständig gemacht. Eigentlich bist du an unserer Misere schuld."

Hier wird deutlich, Bernds Nachrichtenquadrat ist ein einziges Desaster. Die Sachebene stimmt nicht. Die Appell-Ebene besagt: „Chef, Kollegen, Ehefrau – bekennt Euch schuldig an meiner Situation!" Die Beziehungsebene sagt: „Ihr seid erbärmlich." Die Selbstoffenbarung trompetet: „Ich bin der Größte. Warum glaubt mir das nur keiner?"

Bernd befand sich in einer aggressiven Lauerstellung gegenüber der Welt. In jedem seiner Worte steckte förmlich der „Wille zur Macht" (Nietzsche). Was er und Conny nicht begriffen, war die reale Ohnmacht hinter dieser aufgeblähten Präsentation. Der Leser ahnt es schon, Bernd war im Grunde seines Herzens ein armer Kerl. Erst in der Einzeltherapie, in der ich versuchte, ihm eine Art verlässlicher großer Bruder zu sein, enthüllte er seine Schwäche. Er war ein frühes Scheidungskind gewesen und ein Stotterer, von den Geschwistern und den Klassenkameraden gehänselt. Mühsam lernte er bei einer Logopädin das richtige Sprechen. Bernd: „Ich fühlte mich wie ein Stück Dreck. Auch heute noch fühle ich mich unsicher. Ich kann keine einzige Fremdsprache richtig. Ich bin ungebildet. In meiner Familie wurde nicht gelesen. Ich glaube, die meisten Menschen sind mir überlegen."

Als Bernd mit erheblicher Mühe und vielen Nachhilfestunden das Abitur bestanden hatte, beschloss er unbewusst, es der bösen Welt heimzuzahlen und mit seiner Aggressions- und Imponiertechnik die potenziellen Kritiker einzuschüchtern. Schwäche zu zeigen, konnte er sich auf Grund seines Minderwertigkeitskomplexes nicht leisten. Auch in die Liebe konnte er sich nicht fallen lassen. Damit rannte er zielsicher ins berufliche und private Verderben. Wer die Welt ständig von oben herab behandelt, stürzt eines Tages ab. Bernd bediente sich auf entscheidendem Terrain in seinem Leben einer Sprache der Gewalt.

Im individuellen Fall wie bei Bernd kann diese Sprache der Gewalt durch eine Sprache der Liebe abgelöst werden. Voraussetzung dafür ist jedoch zunächst die Entdeckung der Selbstliebe.

Politisch ist die Sprache der Gewalt furchtbar. Sie findet sich etwa im *Wörterbuch des Unmenschen* der Nazis wieder, wie es der Humanist und verfolgte Jude Victor Klemperer in seinem 1946 vollendeten Jahrhundertwerk *LTI (Lingua Tertii Imperii, Sprache des Dritten Reiches, Notizbuch eines Philologen)* beschrieben hat.

Wörter wie „Untermensch", „jüdisches Ungeziefer", „Volksschädling" und „unwertes Leben" bereiteten sprachlich die Vernichtung vor. In *LTI* registrierte der von den Nazis aus seinem Amt gejagte Dresdner Romanistikprofessor die Barbarei der Hitlersprache mit den Worten: „Seit dem ersten Kriegstag und nun bis zum Untergang des Dritten Reiches trägt alles Heldentum zu Wasser, zu Lande und in der Luft militärische Uniform ... alles ist der Kriegsschauplatz, in jeder Fabrik, in jedem Keller bewahrt man militärisches Heldentum, sterben Kinder und Frauen und Greise genau den gleichen heroischen Schlachtentod."

Victor Klemperer mahnte weiter: „Wenn den rechtgläubigen Juden ein Essgerät kultisch unrein geworden ist, dann reinigen sie es, indem sie es in der Erde vergraben. Man sollte viele Worte des nazistischen Sprachgebrauchs für lange Zeit, und einige für immer, ins Massengrab legen."

Die Sprachwissenschaftlerin Senta Trömel-Plötz registriert in ihrer Untersuchung *Gewalt durch Sprache. Die Vergewaltigung von Frauen in Gesprächen* die verbale Gewalt vieler Männer gegen Frauen. So mancher Mann, der sich gewaltfrei wähnt, weil er seine Frau nie physisch anrühren würde, schlägt sie mit seiner Lautstärke und Worten nieder. Senta Trömel-Plötz führt genauer aus: „Beispiele, neben der Sprache des Sexismus ... für die Gewalt der Sprachgewaltigen, sind die Sprache der Judenverfolgung, die Sprache des weißen Rassismus, die Sprache der Indianerverfolgung, die Sprache des Militarismus, wo es jeweils darum ging, eine Gruppe von Menschen als minderwertig zu definieren, um sie dann in ihren Rechten einschränken, massiv benachteiligen, verfolgen, einsperren und sogar ausrotten zu können ... In der Sprache lässt sich häufig das Ausmaß von Aggressivität ablesen und die Bereitschaft zu potenziellem Gewalteinsatz."

*

Zurück zu Bernd und Conny. Bei ihnen handelte es sich, wie wir es früher bereits bei anderen Paaren gesehen haben, um eine *komplementäre* Beziehung. Conny praktizierte nämlich das, was Schulz von Thun den *selbst-losen Stil* nennt. Conny machte sich im Sinne der *demonstrativen Selbstverkleinerung* zur Zwergin, zur Frau ohne ein kraftvolles Selbst. Gegenüber Bernd präsentierte sie sich lange Zeit als hilflose Kindfrau, die bewundernd zu ihm hochblickte. Ihre Selbstoffenbarung lautete, „Ich bin nichts und ich kann nichts". Ihre Beziehungsbotschaft „Du bist der Herr und Meister" und ihre Appellbotschaft „Ich bin ganz so, wie du mich haben willst", bestärkten Bernd noch in seiner angemaßten Herrscherpose. Conny kniete, Bernd stand auf dem Podest. Als sie, durch die Ehekrise und die Therapie beflügelt, sich von den Knien erhob und er vom Podest herunterstieg, begegneten sie sich zum ersten Mal gleichberechtigt auf Augenhöhe in ihrer Schwäche und in ihrer Stärke.

Conny stockte die Stundenzahl als Altenpflegerin auf. Sie verdiente mehr Geld. Sie belegte einen Computerkurs und machte ihrem Zahnarztbruder – für gutes Geld – die Buchführung. Sie wurde selbstbewusst. Lachend zitierte mir Conny, bei einer Sitzung ein Jahr später, zwei Passagen aus dem sprühend gescheiten Frauenbuch der Bestsellerautorin und bekannten Management-Trainerin Sabine Asgodom *Lebe wild und unersättlich. 10 Freiheiten für Frauen, die mehr vom Leben wollen* (7. Auflage 2007):

„Denken Sie (die Frauen – M. J.) immer daran: Drei Millionen Jahre lang hat er das Mammut gejagt, während wir für den Nachtisch die Blaubeeren gesammelt haben. Und wir dürfen seit noch nicht einmal 100 Jahren in seinem Revier auf die Jagd gehen, sprich beruflich erfolgreich sein. Welcher Schock, wenn „sie" plötzlich mit dem Mammut ... über der Schulter zur Tür reinkommt und ‚sein' Kaninchen dagegen mickrig erscheint." Und: „Ansonsten gibt es nichts, was wir uns im ‚reifen' Alter von 40, 50, 60 oder 70 nicht erlauben können. Wir können albern sein und große Ziele haben, wir können auf Berge steigen und die Welt umsegeln. Wir können beruflich noch einmal richtig durchstarten und unseren Freundeskreis neu sortieren ... Der Grad der Freiheit wird größer."

*

Wie sich der *bedürftig-abhängige Stil* präsentiert, sahen wir am Beispiel von Horst und Erika. Erika hatte darin ihre Lebensrolle gefunden, dem vermeintlich so starken und gescheiten Horst ununterbrochen SOS-Funksignale zu senden. Dabei machte sie sich abhängig. Erika hatte eine Geistesverwandte in der fünfzigjährigen Bibi. Schon der Kindername (hier sinnerhaltend geändert) machte mich stutzig. Er schien mir nicht für eine erwachsene Frau zu passen.

Bibi war unverheiratet und lebte mit ihrem ebenfalls unverheirateten Bruder Alfred zusammen. Beide waren Sonderlinge. Sie schotteten sich vom Leben ab und lebten in einer Art (nicht sexuellen) Josefsehe. Alfred, ein unauffälliger Sachbearbeiter in einer Behörde, kehrte nach dem Dienst unverzüglich zu Bibi zurück, um sich um sie zu kümmern. Er hatte keine Freunde und keine ausgeprägten Interessen, wenn man einmal von seiner Münzsammlung absieht. Er war technisch geschickt, übernahm alle Reparaturen im Haus, pflegte den Garten und regelte die Finanzen.

Bibi hatte auf Grund eines beträchtlichen Erbes nie arbeiten müssen. Ihre einzige Lebensaufgabe bestand darin, Alfred ein – kaltes – Abendessen zu richten. Am Wochenende kochte er. Bibis Nachrichtenquadrat entsprach genau dem, was Schulz von Thun beobachtet. Der Appell: „Unterstütze und beschütze mich!". Die Beziehungsbotschaft: „Du bist stark und kompetent!". Die Selbstoffenbarung: „Ich bin schwach und schaffe es nicht alleine."

Bibi war übergewichtig. Sie pflegte hingebungsvoll ihre Krankheiten und Unpässlichkeiten, naschte ununterbrochen Süßigkeiten und frönte süchtig dem Fernsehen. Sie war alles in allem eine passive Suchtpersönlichkeit mit minimalen eigenen Antrieben. Sie besaß keine Freundin. Trost fand sie in der Religion – und in ihrem älteren Bruder. Bibi war über ihre oral-infantile Phase nie hinausgekommen. Geradezu selbstentwaffnend erklärte Bibi mir: „Ich bin für das Leben nicht geeignet."

Wie entsteht der bedürftig-abhängige Stil? Er kann sich zum einen entwickeln, wenn schon dem Kind das Selbstvertrauen, die Freude an der eigenen Kraft und die Frustrationstoleranz durch entmutigende, abwertende Botschaften ständig geraubt werden. Solche Eltern signalisieren verbal und nonverbal: „Das kannst du nicht. Das schaffst du nie. Du bist viel zu ungeschickt." Bei Bibi lag die zweite Ursache vor, die *Overprotection*, die *Überbehütung*. Alles, aber auch alles wurde ihr abgenommen. Sie musste die Schule nicht abschließen. Sie brauchte keinen richtigen Beruf zu lernen, eine Lehre als Floristin brach sie ab. Sie war, damals noch schlank, das Vorzeigepüppchen der Familie. Bibi berichtete mir die Zentralbotschaft ihrer, ebenfalls verwöhnten, Fabrikantenmutter: „Frauen müssen nicht arbeiten. Dazu sind die Männer da."

Warum Bibi zu mir in die Praxis kam? Die Pointe ist bitter. Ihr Bruder war innerhalb eines viertel Jahres an einem Bauchspeicheldrüsenkrebs gestorben. Jetzt brach das jahrzehntelange bedürftig-abhängige System ihres Lebens zusammen.

Auch hier lag wiederum eine tief *komplementäre* Konstellation vor. Der verstorbene Bruder Alfred hatte den *helfenden* Sprech- und Charaktertypus repräsentiert. Er war sozusagen das personifizierte *Helfersyndrom*. Wolfgang Schmidtbauer hat dieses Phänomen in seinem Klassiker *Die hilflosen Helfer* ergreifend geschildert. Sein Nachrichtenquadrat passt genau zu dem von Bibi. Der Appell: „Sag mir, wo kann ich dir helfen?". Die Beziehungsbotschaft: „Für dich armes Hascherl muss ich ein Leben lang sorgen". Die Selbstoffenbarung: „Ich bin ein starker Helfer.

Meine Batterien sind unerschöpflich. Ich selbst brauche keine Hilfe."

Hinter dem chronischen Helfer steckt ein „verwahrlostes, hungriges Baby" (Schmidbauer). Was der Helfer als Kind nicht bekommen hat, das wagt er auch als Erwachsener nicht sich zu holen. Er gibt unermüdlich der Welt das, was er doch eigentlich selbst bräuchte. Er hat seinen Eltern, seinen Geschwistern und Freunden jeden Wunsch von den Augen abgelesen. Der Helfer wurde, etwa als Ältester oder Älteste, frühzeitig „parentifiziert", das heißt in die versorgende Elternrolle (lateinisch *parentes, die Eltern*) hineingenommen.

So war Alfred ein Leben lang an das zu beschützende „Kind", die Schwester Bibi, gefesselt. Das ist eine eher untypische Rolle für Männer. Meist werden Frauen auf diese aufopferungsvolle Rolle hin trainiert. Bibi und Alfred entsprechen charakterologisch dem depressiven Typus, wie ich es in meinem Buch *Mein Charakter – mein Schicksal* (emu-Verlag) dargestellt habe. Aufschlussreich ist ihre Differenz: Bibi war der passiv-erwartende, Alfred der aktiv-helfende, depressive Typus. Beide bestärkten sich in ihrer jeweiligen Position. Einmal eingeübt wird ein solches Kontaktmuster zum problematischen Regulativ aller Beziehungen.

„Ein Wort, das von Herzen kommt, macht dich drei Winter warm", besagt ein chinesisches Sprichwort. Bei einem Partner mit einem *sich beweisenden* oder einem *bestimmend-kontrollierenden* Stil werden wir darauf vergeblich warten. Der sich beweisende Mensch ist der Imponier- und Fassadentechniker, von dem wir bereits gehört haben. Seine Botschaften lauten nach Schulz von Thun: „Erkenne mich an!" (Appell). „Du wirst mich als Richter beurteilen oder mit mir als Rivale konkurrieren" (Beziehung). „Ich bin ohne Fehl und Tadel!" (Selbstoffenbarung). In dem mich beweisenden Stil bin ich egozentriert, misstrauisch, kommunikativ schwierig und habe meine emotional missbräuchliche, abwertende Kindheit nie aufgearbeitet. Ich kompensiere immer noch.

Im bestimmend-kontrollierenden Stil geriere ich mich im Sinne von Fritz Riemanns Charakterologie als zwanghafter Typ. Ich bin ein schwer erträglicher Rechthaber und Egoist. Mein Appell lautet: „Das tut man so, nur so!". Die Beziehungsbotschaft: „Du machst es falsch. Ich muss dich kontrollieren." Die Selbstoffenbarung: „Ich allein weiß, was richtig ist." Der Zwang ist der Schatten des Zweifels. Schulz von Thun bringt diesen tiefen unbewussten Zweifel am eigenen Selbst und die verborgene Sehnsucht, aus dem engen Korsett von Disziplin und Moral auszubrechen, auf den Punkt: „Vielleicht hat der Bestimmende Anlass, sich selbst mit aller Macht in den Griff kriegen zu müssen ... Das seelische Axiom könnte so lauten: ‚Ich bin voll von chaotischen, sündhaften, unvernünftigen Impulsen – nur wenn ich mich an strenge Regeln halte, kann ich mich in der Gewalt haben und ein anständiger Mensch bleiben.'"

Ein derart kontrollversessener Ordnungsfanatiker ist in der Regel das schwer misshandelte Produkt erbarmungsloser kindlicher Dressurakte. Die perfekte Ordnung verbirgt seelische Unordnung. Wenn ich mit meinem bestimmend-kontrollierenden Stil mich und meine Umgebung quäle, sollte ich dringend lernen, mich meinen inneren Erfahrungen zu öffnen und gelegentlich die produktive Unordnung in mir zuzulassen.

„Ordnung um der Ordnung willen", sagt Saint-Exupéry, „beschneidet den Menschen seiner wesentlichen Kraft, der nämlich, die Welt und sich selber umzuformen. Das Leben schafft Ordnung, aber die Ordnung bringt kein Leben hervor."

*

Den *sich distanzierenden* Stil haben wir bereits im letzten Kapitel in humoristischer Form bei dem psychologischen Sketch vom Witwer Hans erlebt. Auf die besorgte Frage von Eva, was seine verstorbene Frau „gehabt" hätte, antwortet er: „Eine kleine Boutique."

Constanze, Organistin, um die vierzig, schleppte mir einen ähnlichen emotionalen Eisklotz heran: Jürgen arbeitete als Controller in einem Metall verarbeitenden Betrieb. Constanzes Klage war durchaus differenziert und um Ausgewogenheit bedacht. Sie sagte: „Jürgen ist ja schwer verlässlich. Er bringt alles Geld heim, er trinkt nicht, er raucht nicht, er geht nicht fremd. Er erledigt im Beruf wie in der gemeinsamen Hausarbeit korrekt alle Pflichten. Er würde mich nie im Stich lassen. Viele meiner Freundinnen beneiden mich um ihn. Aber er ist so unromantisch. Er spricht mich seit Jahren nicht mehr mit meinem Vornamen an. Er küsst mich selten, trottet beim Spazierengehen neben mir her, ohne meine Hand zu ergreifen. Beim Sex spricht er kein Wort. Er werkelt so technisch an mir herum, als ob er die Kupplung suchte. Ich bin doch keine Maschine."

Jürgen saß bei dieser Bestandsaufnahme so unbeteiligt daneben, als gehe es um eine monatliche Inventur in seinem Betrieb. Er äußerte sich nicht. Jürgens Schweigen brachte Constanze, sicher nicht zum ersten Mal, zur Weißglut. Sie schrie ihren Panzerschrank plötzlich an: „Liebst du mich eigentlich?".

Jürgen schwieg lange. Dann sagte er förmlich, den Blickkontakt dabei sorgfältig vermeidend und an seiner Krawatte nestelnd: „Ja, was ist schon Liebe. Darüber müssten wir uns erst einmal verständigen. Ich gebrauche dieses Wort nur ungern. Es ist so sentimental." Constanze kochte vor Wut.

Der sich distanzierende Sprechtyp ist ein Virtuose der Sachwelt und der Logik, aber ein Analphabet auf der Beziehungs- und der Selbstoffenbarungsebene. Er entspricht Riemanns Typus des *Schizoiden*, des Gefühlsabspalters. Jürgens Angst war die Angst vor Selbstpreisgabe, die Furcht, sich nackt zu zeigen. Sein unbewusstes Credo lautete wohl „Ich bin, weil ich unabhängig bin, denn ich misstraue den Menschen". Jürgen war körperlich distanziert, fast unnahbar, kaum dass er mir, dem Therapeuten, die Hand gab. Er hatte eine Aura der Kühle um sich. Nicht von ungefähr hatte er sich einen Beruf gewählt, in dem er allein arbeitete und sich ausschließlich technischen Zusammenhängen widmen konnte.

Jürgen berichtete mir mit sichtlicher Befriedigung: „Es gibt manchmal Tage, wo ich, außer in der Kantine, kein Wort mit einem Kollegen wechsele." Auch er entsprach exakt Schulz von Thuns Nachrichtenschema: „Komm mir nicht zu nahe!" (Appell), „Du bist zu anhänglich und zu emotional!" (Beziehung),

„Was in mir vorgeht tut nichts zur Sache – außerdem geht nichts in mir vor!" (Selbstoffenbarung).

Männer bewegen sich weitaus häufiger als Frauen auf dieser Sachebene. Sie bevorzugen die operable Welt der Dinge. Mädchen spielen mit Puppen, Jungen mit Sachen. Da aber ein Betriebsorganismus aus lebendigen Menschen mit Gefühlen besteht, lassen Konzernspitzen mittlerweile ihre – meist männlichen – Mitarbeiter im höheren Management von teuer bezahlten Trainern in „emotionaler Kompetenz" schulen.

Natürlich hat dieses typisch männliche Defizit seine Genderstruktur (Geschlechtsbestimmtheit) und biographische Ursache: Jürgen litt an einer *Vaterwunde*. Sein Vater, ein tüchtiger Industriekaufmann, hatte ihn zwar geliebt, aber ihm diese Liebe wenig gezeigt. Jürgen: „Er hat mich nie auf die Knie genommen. Er war sachlich bis zum Anschlag. Ich erinnere mich an ein einziges Mal, dass er mich geküsst hat. Da lag ich mit einer Lungenentzündung im Bett. Er hatte wohl Angst um mich. Ansonsten war er kühl und kurz angebunden zu mir. Als ich mit ungefähr zwölf Jahren einmal in einer bedürftigen Situation – ich war trotz großer Anstrengungen in der Schule nicht versetzt worden – meinen Arm um ihn legte, knurrte er, ,lass den Weiberkram'".

Mit dem distanzierten Stil wehrt der Schizoide die Gefühle gleichsam wie lästige Fliegen ab. Er wird lernen müssen, die Emotionen an sich heranzulassen und sie selbst auszuleben. Jürgen gelang das schließlich in einer Männergruppe bei mir. Er taute auf, lachte viel, sprach von sich und weinte sogar einmal herzergreifend. Wie die anderen Männer schrieb er an diesem Wochenende einen Liebesbrief an seine Frau, den ich anschließend frankierte und in den Postkasten warf. Constanze zeigte sich entzückt: „Ich ahnte ja, dass er mich liebt. Aber ich hätte ihm nicht zugetraut, dass er es so schön ausdrücken könnte!"

Constanze ihrerseits lernte, wie viele Partner von distanzierten Sprechtypen, zweierlei: Sie erkannte das Wesen seiner *konkludenten Liebe*. Das bedeutet, dass schizoide Männer und Frauen ihre Liebe eher durchs Tun, durch Fürsorge und verlässliche Zuwendung artikulieren. Sie sagen dabei trotzdem ums Verrecken nicht die drei magischen Worte „Ich liebe dich". Die Frau muss aus den Taten ihres Mannes auf seine Liebe schließen („konkludieren"). Jürgen wird, bei all seiner vorsichtigen Öffnung, nie ein emotionaler Kachelofen werden. Aber damit nötigt er Constanze auch, sich stärker auf sich selbst zu beziehen. Sie muss sich um andere emotionale Quellen *extra muros*, jenseits der Mauern ihrer Ehe, bemühen.

Denn: Jeder Mensch kann dem anderen Menschen Medizin sein!

*

Bleibt noch der *mitteilungsfreudig-dramatisierende* Stil. Sein Träger ist der Hysteriker oder die Hysterikerin, wie sie Riemann schildert. Der Hysteriker hat nervende und hinreißende Seiten. Es ist der Typ von Mensch, der sagt: „Meine Frau und ich bewundern mich maßlos". Er ist von ungeheuerlicher Redseligkeit und Ichbezogenheit. Er kann zu seinem Gegenüber sagen: „Wir haben jetzt den ganzen Abend über mich geredet. Jetzt reden wir mal über Sie. Wie fanden Sie mein letztes Buch?"

Die früher erwähnte Frau Direktorin Pogge in Erich Kästners Kinderroman *Pünktchen und Anton* ist so eine mitteilungsfreudig-dramatisierende Person. Alles dreht sich nur um sie. Ihre Welt ist eine Bühne. Britta, achtundzwanzig, Modedesignerin mit langem wallendem Engelshaar und so bildschön, dass es einem als Mann schwindelig werden konnte, hätte Frau Pogges jüngere Schwester sein können. Sie kam zu mir, weil ihr Lebenspartner Reiner, ein fünfzehn Jahre älterer Facharzt, soeben aus der gemeinsamen Wohnung ausgezogen war. Reiner gefiel mir auf den ersten Blick. Er war ein körperlich rundlicher, liebenswerter Mann und ein fleißiger, engagierter Arzt. Er schien mir gradlinig, schlicht und unkompliziert. Wo um aller Welt hatte er diese anstrengende Britta nur aufgegabelt? Denn Britta war ein Star, eine Schauspielerin, eine ruhelose Wanderdüne, ein weiblicher Don Juan mit einer langen Leporelloliste verflossener Liebhaber.

Reiner begründete seinen Auszug mit den empörten Worten: „Ich halte es nicht mehr mit dir aus. Du bist ja selbst an den Wochenenden ununterbrochen unterwegs. Ständig eilst du zu irgendwelchen Events. Du flirtest mit jedem Mann. Du weigerst dich, auch nur einen Finger im Haushalt zu rühren. Du schminkst dich stundenlang im Bad. Auf dich ist kein Verlass. Du hältst keine Vereinbarungen ein. Alles dreht sich nur um dich. Ich bin ja nur dein Schleppenträger. Meine anstrengende Arbeit in der Praxis, meine Hausbesuche und Wochenenddienste interessieren dich einen Dreck. Kinder willst du auch nicht, obwohl wir uns anfangs doch darauf geeinigt hatten. Stattdessen sagst du: ‚Kinder verderben nur meine Figur.' Du bist chaotisch, wechselst ständig deine Meinung. Deinen Beruf willst du jetzt auch schon hinwerfen. Mit dir kann ich keine Lebensplanung machen."

Das stimmte Wort für Wort, wie ich feststellte. Selbst Brittas „Auftritte" in meiner Praxis entsprachen wortwörtlich dem Sprechquadrat von Schulz von Thun: „Wende dich mir zu und bestätige meine Selbstdarstellung!" (Appell). „Du bist mir wichtig – als willkommenes, aber austauschbares Publikum!" (Beziehung). „Hört, hört, so bin ich!" (Selbstoffenbarung). Auf der Sachebene herrschte dagegen erstaunlich oft gähnende Leere.

Britta war eine dialogunfähige Monologistin. Sie verstand Reiner als ihren Fan, Groupie, Claqueur. Bindungsschwach war sie bisher wie ein bezaubernder Schmetterling von Männerblüte zu Männerblüte geflogen, hatte sich nie dauerhaft niedergelassen. Sie hinterließ erotische Massengräber. Auch die Beziehung zu Reiner geriet bereits nach einem Jahr in die Krise. Sein gesellschaftliches Ansehen und wohl auch seine monetäre Potenz hatten sie beeindruckt.

Natürlich lag auch hier ein seelischer Hintergrund in der Kindheit vor. Sie hatte mit ihrer älteren, schulisch erfolgreicheren und hübscheren Schwester konkurrieren müssen. Denn sie selbst war damals (wie die kleine Brigitte Bardot gegenüber ihrer schönen Schwester Mijanou) ein pummeliges Mädchen gewesen, etwas linkisch und unbeholfen. Britta erinnerte sich in der Paartherapie: „Meine Eltern sahen nur auf meine Schwester. Mich nahmen sie nicht wahr. Das hat mich gekränkt. Immer wieder habe ich mich vergeblich an meine Eltern herangeschmissen, ihnen Geschenke gemacht, ihre Aufmerksamkeit zu erringen versucht. Es war alles umsonst. Meine Schwester nannte mich nur ‚Puttel'. Sie meinten damit das Aschenputtel im Märchen.

Als ich in die Pubertät kam, zeigte ich ihr, was im Aschenputtel steckte. Ich hungerte mich auf mein Traumgewicht herunter, ließ meine Haare lang wachsen, schminkte mich raffiniert. Ich spannte ihr die Freunde aus. Ich schlief mit jedem Jungen, der mir in die Quere kam. Mein Selbstbewusstsein war ja so ramponiert. Ich brauchte es, bewundert und begehrt zu werden. Mein Körper war mein Lockmittel. Dass mich jemand um meiner Seele willen liebt, das glaube ich heute noch nicht. Vielleicht bin ich deshalb in die Modebranche gerutscht. Da geht es auch um mehr Schein als Sein." Jetzt wurde Britta traurig.

Wer nicht wahrgenommen wird, macht sich um jeden Preis wahrnehmbar. Er muss alles dramatisieren, sprachlich „toppen", um sich wichtig zu machen. Denn er fühlt sich tief innen unwichtig. Dass er gerade mit diesem Verhalten auf Dauer die Menschen, um deren Gunst er wirbt, verprellt, begreift er nicht. Britta hatte diese Lektion zu lernen, und sie tat es mit Erfolg. Aber auch Reiner musste seinen Anteil an der

Beziehungskollusion, dem heimlichen komplementären Zusammenspiel, begreifen. Denn Britta lebte mit ihrer hinreißenden Energie, Darstellungsfreude, Innovationskraft und Phantasie stellvertretend für ihn. Er hatte Britta unbewusst gewählt, um sein etwas graues und langweiliges Privatleben mit Glanzlichtern aufzuputzen. Er missbrauchte sie sozusagen als den Star, sie ihn als Publikum. Das war ihrer beider unbewusstes *Geheimnis der Partnerwahl* (siehe auch mein gleichnamiges Buch zu diesem Thema).

Reiner und Britta fanden, bei Beibehaltung ihrer grundsätzlichen Wesenheit, ein besseres Gleichgewicht. Reiner inszenierte sein Leben etwas ereignisreicher, farbenfroher. Britta wurde bodenständiger und selbstbewusster ohne falschen Glamour. Vor allem bekam sie ihre Logorrhoe, ihre selbstdarstellerische Geschwätzigkeit, in den Griff. Sie war ja nicht nur eine schöne, sondern im Grunde auch herzensliebe Frau, die es nicht nötig hatte, sich ständig zu spiegeln.

Reden ist lebenswichtig für die Beziehung. Zu viel Reden zermürbt die Liebe. Ich gab Britta damals einen Ausspruch des Jazzmusikers Louis Armstrong mit auf den Weg. Er lautet: „Mit einem kurzen Schweifwedeln kann ein Hund mehr Gefühl ausdrücken als mancher Mensch mit stundenlangem Gerede."

Die Musik hinter den Worten:
Schlüsselkompetenz Zuhören

Hören ist ein physiologisches Phänomen,
Zuhören ein psychologischer Akt.

Roland Barthes

Ein Schüler fragt seinen Zen-Meister, was das Wichtigste am Zen sei. Der Meister denkt nach und schreibt auf einen Zettel: „Aufmerksamkeit! Hören!" Der Schüler ist skeptisch. „Muss es da nicht noch mehr geben?", fragt er. Der Zen-Meister nickt und notiert: „Aufmerksamkeit! Hören!"

Tatsächlich sind wir alle Weltmeister im Überhören. Was wir nicht hören wollen, das nehmen wir nicht wahr. Das Ohr ist ein Sklave unseres Willens, genauer Unwillens. Das kenne ich von mir. Wenn meine Frau zu mir sagt, „Schatz, du nervst mich", dann behalte ich den „Schatz", das „Nerven" überhöre ich.

Das ist mir auch bei Britta und Reiner aufgefallen. In der Sitzung betonte Reiner mehrfach, Britta möge, für ein gutes Gehalt und tadellose Sozial- und Ren-

tenleistungen, halbtags in seiner Praxis administrative Aufgaben übernehmen. Er bezahle ihr selbstverständlich auch einen einschlägigen Computerkurs hierzu. Britta überhörte das elegant. Dabei hätte es eine gemeinsame finanzielle Existenz bedeutet.

Umgekehrt „überhörte" Reiner auch die mehrfach vorgetragene Klage von Britta: „Kaum bist du aus der Praxis, wirst du zum Stubenhocker. Du machst doch kaum Urlaub mit mir. Du willst keinen Spanischkurs mit mir machen. Es ist so langweilig zwischen uns." Erst als Reiner und Britta lernten, die Ohren zu spitzen, ging es mit der Beziehung bergauf. Sie waren inzwischen wieder zusammengezogen und wollten keine neue Trennung riskieren. Krisen machen im Wortsinn hellhörig.

Der Hörsinn wird tatsächlich häufig unterschätzt. Dabei ist er als das erste Rezeptionsorgan des Embryos bereits im vierten Monat ausgebildet. Beim Knall einer zuschlagenden Tür zuckt das Ungeborene in der Gebärmutter zusammen. Es nimmt die Stimme der Mutter wahr; zur Welt gekommen, erkennt der Säugling sie wieder. Alfred Tomatis, weltbekannter französischer Arzt und Erforscher des akustischen Universums, konstatiert in seinem Werk *Das Ohr und das Leben. Erforschung der seelischen Klangwelt* (deutsch 1995): „Der Säugling erwartet die mütterliche Stimme ebenso, wie er seine physische Nahrung erwartet. Die Gier, mit der Frühgeburten im Brutkasten die Stimme der Mutter ‚verschlingen‘, ist der schlagendste Beweis dafür. Deshalb weise ich darauf hin, dass bei der den Frühgeburten gebotenen Betreuung die Brutkästen mit Apparaturen für die Übertragung der mütterlichen Stimme ausgerüstet sein sollten, die so lebensnotwendig wie eine ausgewogene Ernährung ist.“

Bei Mensch und Tier ist der Hörsinn eine unersetzliche Alarmanlage. Selbst meine geliebte Neufundländerin Bella, also ein seit Jahrtausenden domestizierter Vierbeiner, taucht beim leisesten Geräusch aus ihrem Schlaf auf und stellt die Ohren hoch. Es könnte ja eine Bedrohung sein. Eine Mutter registriert nachts noch das leise Weinen ihres Kindes. Wenn wir als Fußgänger auf einer Landstraße marschieren, spüren wir frühzeitig die Geräusche eines von hinten herannahenden Autos.

Wir können, wie uns die Akustikwissenschaftler belehren, pro Sekunde vierzig unterschiedliche Phoneme unterscheiden, aber in der gleichen Zeit nur dreiundzwanzig Bilder differenzieren. Ab dem vierundzwanzigsten Bild nehmen wir die optischen Eindrücke als durchlaufenden Film wahr. Die Evolution von Tier und Mensch ist ohne den Hörsinn überhaupt nicht denkbar. Bereits früheste Amphibien und Reptilien verfügten über einen rudimentären Hörsinn. Da sie den Kopf nahe am Boden disponiert hatten, waren sie hochempfindlich für Bodenvibrationen. Erst als sich ihr Körper und ihr Kopf, wie bei den Dinosauriern, stärker vom Boden abgehoben hatte und sie einen beweglichen Hals bekamen, entwickelten sie ein differenziertes Wahrnehmungssystem für den Luftschall. Sie lernten, diesen für die auditive Verständigung mittels Grunzen und anderen Geräuschen zu nutzen. Der *struggle for life*, der *Kampf um das Leben* (Darwin), produzierte einen Selektionsdruck in Richtung Hören. Die ausgereiftesten Teile der Sinnesorgane, Mittelohr und Trommelfell, sind, wie die Biologie uns unterrichtet, erst vor ein- bis zweihundert Millionen Jahren entstanden. Noch heute übertreffen Wale, Hunde, Katzen und Fledermäuse unser Hörvermögen bei weitem, indem sie höchste Frequenzen wahrzunehmen vermögen.

Ohne Hören gibt es keine höhere Kommunikation. Johann Gottfried Herder (1744 – 1803), Sprachforscher, Dichter und Philosoph, bezeichnete bereits in seiner *Abhandlung über den Ursprung der Sprache* das Ohr als wesentliches Organ für den Erwerb der Sprache. Das Kleinkind benutzt seine angeborene Hörfähigkeit, um emotionale Akzente, Duktus und Melodie der Sprache zu erkennen und im fortgeschrittenen Stadium als einzelne Wörter wie „Mama" und „Papa" und „Wauwau" aus dem elterlichen Redestrom herausfischen zu können. Es wendet sich den menschlichen Stimmen aktiv zu. Es selektiert die Sprachinformationen. Es reagiert mit Lächeln oder, bei einem drohenden Unterton, mit Weinen. Hören ist als Geräuschwahrnehmung passiv, als Geräuschdifferenzierung aktiv, ein kognitiver Prozess. Der Linguist Roland Barthes bringt es auf die knappe Formel: „Hören ist ein physiologisches Phänomen, Zuhören ein psychologischer Akt."

Kinder hören zunächst den emotionalen Gehalt der Sprachbotschaft, erst später verstehen sie prägnant ihren Inhalt. Der Hörkortex, der im rechten und linken Schläfenlappen lokalisiert ist, ist direkt mit der Amygdala, dem Mandelkern, „verdrahtet". Er wird als „Sitz der Gefühle" bezeichnet. Hieraus erklärt sich auch die hohe Emotionalität, mit der unsere Wahrnehmung von Musik besetzt ist. Aktives Hören, also Zuhören, ist immer schon, also seit Säuglingszeiten, emotional grundiert. In diesem Sinn konstatierte Nietzsche (in *Die Unschuld des Werdens*): „Das Verständliche an der Sprache ist nicht das Wort, sondern die Musik hinter den Worten."

Das menschliche Sprechen wiederum ist eine evolutionäre Glanz- und Notlösung. Tatsächlich ist es nach

Alfred Tomatis etwas völlig Unphysiologisches, sozusagen organisch Zusammengeschustertes. Tomatis erläutert: „Im Gegensatz zur Meinung der meisten Leute gibt es kein eigentliches Stimmorgan, so wie es beispielsweise Verdauungs- oder Atemorgane gibt. Wir sprechen mit Hilfe von Elementen unseres Körpers, die ursprünglich gar nicht dazu bestimmt waren. Die mündliche Sprache geht aus einer Kombination zweier Strukturen hervor, die eigentlich eine andere Funktion hatten, nämlich Organen, die einerseits zum Verdauungsapparat (Lippen, Mund, Gaumensegel, Zunge, Zähne) und andererseits zum Atmungsapparat (Nasenhöhlen, Kehlkopf, Zwerchfell, Lungen, Brustkorb) gehören."

Die Art unseres Sprechens entspricht der Art unseres Zuhörens. Das Zuhören ist eine hohe Kunst. Wir Therapeuten brauchen Jahre der Ausbildung, um die Feinheiten des Hörens zu erlernen, Übertragung und Gegenübertragung wahrzunehmen und ein musikalisches Gehör für die Zwischentöne des Menschlichen zu gewinnen. Darum spricht man in der Therapie wie in der Sozialarbeit vom „aktiven Zuhören". Es ist *multimodal*, das heißt, es geschieht mit allen Sinnen. Es ist *kognitiv*, weil aktive geistige Arbeit. Es ist *interaktiv*, insofern Sender und Empfänger sich im Fokus haben und beeinflussen. Es ist *funktional*, denn ich lausche im Liebesgespräch, vor dem Fernseher oder bei einem Vortrag anders, je nach der Bedarfssituation.

Zuhören ist demnach *zweckgebunden* – einem Arzt, der mir etwas über meine Krankheit erzählt, höre ich intensiver zu als einem Partygast beim Smalltalk. Zuhören ist ein Stück Arbeit. Ich muss mich gegebenenfalls durch konzentriertes Nachfragen versichern, ob ich auch alles verstanden habe. Darüber hinaus ist das Zuhören schließlich noch ein *sozialer* Vorgang, bei dem ich meinem Gegenüber Neugier und Respekt entgegenbringe, aber auch gleiches von ihm erwarte. Zuhören ist eine Produktion. Man kann das bei jeder gesellschaftlichen Veranstaltung beobachten, nämlich ob einander fremde Menschen sich in Frage und Antwort, in Interesse geleitetem Zuhören, Herzlichkeit und Scharfsinn bemühen, ein nahrhaftes Gespräch zu organisieren, oder ob sie einfach maulfaul herumsitzen und sich gelangweilt an ihrem Weinglas festhalten.

In den bürgerlichen Salons des 18. und 19. Jahrhunderts gab es die Kunst der geistvollen Konversation. Ein Philosoph wie Immanuel Kant pflegte sein Mittagessen mit Freunden einzunehmen, um mit ihnen über tausend Dinge zwischen Kommerz und Kunst zu plaudern. Alle Teilnehmer bildeten sich dabei. Nur über Philosophie, quasi über seine

Arbeit, durfte bei Kant nicht gesprochen werden – er wollte kein „Fachidiot" sein, der nur ein Thema hätte. Auch Goethe bildete sich bekanntermaßen als Politiker, Naturwissenschaftler und Dichter durch tausende kultivierte Gespräche mit gebildeten Zeitgenossen. Er schrieb in einem Brief von 1826: „Die reine Bildungslust, jedem einwohnend, auf eine friedliche Ausgleichung sittlicher Verhältnisse hinstrebend, sie ist's, die sich gesellig am freudigsten offenbart."

Wie kompliziert das aktive Zuhören ist, zeigt der französische Sprachgebrauch. Im Französischen gibt es drei Begriffe für das Hören. Es gibt das *ouir*, das reflexhafte Hören als Tätigkeit des Ohres. Dann gibt es das *écouter*, das ist das aktive Hören auf etwas. Wir würden es mit „lauschen" übersetzen. Schließlich gibt es als qualifizierteste Stufe das *entendre*, was Verstehen, intellektuell erfassendes Hören bedeutet.

Weil zum Zuhören immer auch das multimodale Aufnehmen der Mimik, der Gestik, des Tonfalls, des Blicks und der Körpersprache gehört, ist es ein ganzheitlicher Prozess. Paare vernachlässigen diesen Aspekt oft. Sie unterhalten sich beim laufenden Fernseher ohne Blickkontakt. Wenn man weiß, dass, laut einer TV-Erhebung, der erwachsene Deutsche pro Tag durchschnittlich 256 Minuten vor dem Fernseher hockt (ARD-Erhebung 2010), dann kann man sich ein Bild von der Versteppung der partnerschaftlichen Sprachkultur machen! Im Gegensatz dazu hat das Ohr geradezu eine Heilfunktion: Ein Arzt, der die sprechende und die zuhörende Medizin praktiziert und damit auf die seelischen Probleme seines Patienten eingeht, wird höhere Erfolge erzielen als der Mediziner, der im Durchschnitt nach siebzehn Sekunden den Kranken unterbricht und ihn nicht zu Wort kommen lässt. Nur in einer verstehenden, das heißt zuhörenden Medizin wird sich eine gute Arzt-Patient-Beziehung entfalten. Aber welcher Kassenarzt kann sich heute wie ein Psychotherapeut noch den Luxus einer Sprech s t u n d e leisten?

Gut zuhören ist also eine Schlüsselkompetenz, ob im Beruf oder im Privatbereich. Der Humanist Montaigne (1533 –1592) erkannte: „Das Gespräch ist, meiner Ansicht nach, die lohnendste und natürlichste Übung unseres Geistes: Keine andere Lebensbetätigung macht mir so viel Freude."

In der Physiologie der Sinne gilt das Ohr zu Unrecht als passiv und weiblich, weil es angeblich nur empfängt. Es wird als minderwertig eingestuft, weil es unfähig ist zu senden. Schließlich sei es schutzlos, weil es, anders als das Auge mit seinem Augendeckel, allen akustischen Reizen ausgesetzt ist. In der aktivistischen männlichen Weltanschauung sind diese Eigenschaften negativ besetzt.

Die Publizistin Christina Thürmer-Rohr spricht in ihrem Essay *Achtlose Ohren – zur Politisierung des Zuhörens* (in *Thürmer-Rohr, Verlorene Narrenfreiheit. Essays*): „Die rezeptive Symbolik des Hörens, die es zum passiven, empfangenden und deswegen ‚weiblichen' Verhalten macht, widerspricht einem Verhältnis zur Welt, wie es das Patriarchat der Moderne für das männliche Subjekt favorisiert hat: zugreifen, definieren, ordnen, erfinden, erobern." Thürmer-Rohr nennt die historischen Gründe: „Herrschendes und herrschaftsorientiertes Wissen wurde, seit dem späten 15. Jahrhundert Bücher gedruckt werden konnten, übers Auge erworben, über das Lesen statt über den Dialog. Die mündliche Aussage wurde gegenüber dem geschriebenen Wort lapidar, ebenso wie die Gedanken derjenigen lapidar wurden, die über den Zugang zur geschriebenen Sprache nicht verfügten. So gerieten auch die Zuhörenden in die Kategorie der ‚Ungebildeten'. Wer nicht lesen kann, kann nur zuhören. Wer nur zuhört, kann nicht lesen und hat nichts Bedeutendes zu sagen."

In so genannten oralen Kulturen, beispielsweise im ursprünglichen Afrika, wog das gesprochene Wort ebenso schwer wie die Tat. So konnte ein Mensch

durchaus für das Unglück eines anderen zur Verant-
wortung gezogen werden, wenn er über diesen
schlecht geredet oder ihm Schlechtes gewünscht
hatte. Noch deutlicher wird die Macht des gespro-
chenen Wortes in der Form des Zauberspruches
oder des Fluches, der mit formelhaften Worten ausgesprochen wurde. Und bis in unsere „zivilisierte"
Gesellschaft hinein reicht die reine Macht der Sprache: So fühlt sich auch heute noch manch hoch-
rangiger Politiker seinem „Ehrenwort" stärker ver-
pflichtet als dem geschriebenen Gesetz ...

Die weibliche Fähigkeit zur Nähe und zum aktiven
Zuhören gilt in einer männlich geprägten Gesell-
schaft wenig. Dabei ist das Zuhören ein Qualitäts-
merkmal einer guten Beziehung. Wenn ein Paar das
gelernt hat, kann es seinen aufreibenden Kampf um
Aufmerksamkeit beenden. Die Modedesignerin
Britta und der Facharzt Reiner aus dem vorigen
Kapitel öffneten ihre Ohren ebenso weit wie ihre
Herzen füreinander. Jetzt waren sie „ganz Ohr".

Britta und Reiner hatten begriffen, was der Moralist
La Rochefoucauld, ein glänzender Unterhalter und
Zuhörer, bereits im 17. Jahrhundert so formulierte:
„Eine von den Ursachen, warum man beim Gespräch
so wenig vernünftige und angenehme Menschen fin-
det, ist die, dass fast jedermann lieber an das denkt,

was er sagen will, als bestimmt auf das antwortet, was man zu ihm sagt. Die Meisten und Gefälligsten begnügen sich damit, die Miene der Aufmerksamkeit anzunehmen, während man es aber ihrem Auge und Geiste ansehen kann, dass ihre Gedanken nicht bei unserer Rede sind, sondern sich eifrig damit beschäftigen, was sie sagen wollen. Dies ist ein schlechtes Mittel, anderen zu gefallen oder sie zu gewinnen. Die Kunst, gut zuzuhören und gut zu antworten, ist die Allerhöchste, die man beim Gespräche zeigen kann."

Sprechkultur:
Ich-Botschaften, Kontrollierter Dialog,
Zwiegespräche

*Eben darin besteht ja die Liebe, dass sie uns in der
Schwebe des Lebendigen hält, in der Bereitschaft, einem
Menschen zu folgen in allen seinen möglichen
Entfaltungen.*

Max Frisch
Tagebuch 1946/1949

Wer nicht hören will, muss fühlen. Viele Paare
schweigen sich an – oder sie reden viel, wenn der
Tag lang ist. Beides ist abträglich. Erinnern wir uns
an Erika: Sie redete nicht, sie zerredete. Ihr nicht
enden wollender Monolog war eine einzige verbale
Giftmülldeponie. Oder, um ein anderes Bild zu wäh-
len, Erika warf ungezielt schwarze Sätze wie Wort-
bomben ab. Ihr Horst flüchtete nur noch in den Luft-
schutzkeller seines Schweigens. Derart abgeschirmt
hörte er nur noch gedämpft und undeutlich Erikas
verbale Detonationen.

Die Sprache ist zweischneidig wie ein Messer. Man
kann mit ihm töten oder Brot schneiden. Sprache

kann lügen oder verhüllen, zum Beispiel in der Diplomatie. Der intrigante Minister Charles Maurice de Talleyrand (1754–1838), der als Politiker sowohl unter dem Revolutionsregime als unter den zurückgekehrten Bourbonen diente, fand die berühmte Formulierung: „Die Sprache ist dem Menschen gegeben, um seine Gedanken zu verbergen". In der Intimität der Partnerschaft gilt jedoch das Gesetz der Wahrhaftigkeit. Carl R. Rogers sagt es (in *Der neue Mensch*) poetisch: „Das ist doch etwas seltsam Befriedigendes, wenn man jemand wirklich hört: Es ist, als vernehme man überirdische Musik."

Sage keiner, „Ich kann nicht reden"! Es stimmt übrigens auch nicht, dass Männer vom Mars und Frauen von der Venus kommen. Männer, das sage ich als Mann, sind meist nur zu faul, die Arbeit des Klarsprechens und Gutzuhörens zu praktizieren. Wenn sie um eine Frau werben, balzen sie verbal auf das Allerschönste und schießen rhetorische Feuerwerke ab. Sie können es. Später wollen sie es nicht mehr. Es ist dann bequemer, im Sessel still vor sich hinzumuffeln, als die Partnerin zu befragen, ihr zuzuhören, kurz: ihr Zeit zu schenken. Viele Männer sind soziale Idioten.

Sprachkultur ist lernbar. Dazu gehören Ich-Botschaften, die Kunst des Fragens, der kontrollierte

Dialog und die Gespräche. Ich-Botschaften sind sozusagen Taschenlampen nach innen, Du-Botschaften Lichter nach außen. Die aktive Ich-Botschaft beinhaltet Aufmerksamkeit, Situationsbeschreibung, Selbstoffenbarung und klare Wunschäußerung. Meine Aufmerksamkeit äußert sich bereits in meiner Körperhaltung. Sie sollte offen sein. Wie oft erlebe ich in der Sitzung Männer, die ihrer weinenden Partnerin mit gekreuzten Armen gegenübersitzen. Das signalisiert Abwehr und Verschlossenheit. Zur Aufmerksamkeit gehört der Blickkontakt, das Zulächeln, gelegentlich zustimmendes Kopfnicken und eine ausdrucksstarke, freundliche Stimme. Wie heißt es in der Bibel (Sprichwörter 12, 64): „Freundliche Worte sind wie Honig, süß für den Gaumen und gesund für den ganzen Körper."

Wichtig ist es, dabei im Hier und Jetzt der gegenwärtigen Situation zu bleiben und nicht alten Groll und Verletzungen aufzuwärmen. Paare tun gut daran, sich immer wieder zu vergeben und zu verzeihen. Danach können sie das „Museum der Verletzungen" schließen, statt noch nach Mitternacht kostenlose Führungen für Außenstehende zu machen („Das hat er/sie mir angetan!").

Außerordentlich kostbar ist auch die Selbstoffenbarung, das Aussprechen aktueller Gefühle. Nicht aus-

gesprochene Gefühle schaffen Unklarheit. Sie sabo-
tieren den Dialog und vergiften die Beziehung.
Gefühle sind wahrhaftig, einfach weil sie da sind.
Wir dürfen sie, im Gegenteil, nutzbar machen. Nietzsche meint (in *Der Wille zur Macht*): „Überwindung
der Affekte? – Nein, sondern in Dienst nehmen."

Dann bin ich ganz bei mir. Ich nehme mich selbst
emotional wahr. Ich lasse den Partner in mich hinein-
schauen. Wir verabschieden uns beide von der lei-
digen Schuldfrage. Der moralische Begriff „Schuld"
hat seine Herkunft aus dem kaufmännischen Begriff „Schulden". Schulden erschweren das Leben.
Schuldvorwürfe und Schuldgefühle sind die Hypo-
theken des Beziehungsgebäudes.

Die Maxime kann nur lauten, die Gefühle auszu-
sprechen: „Ich bin verärgert." „Ich bin traurig." „Ich
bin sauer." „Ich fühle mich unverstanden." „Ich bin
schockiert." „Ich bin neugierig." „Ich spüre, dass
ich Angst habe." „Ich fühle mich verzweifelt." „Ich
fühle mich mutlos." „Ich fühle mich wie gelähmt."
„In mir ist ein Gefühl der Enttäuschung." „Ich bin
empört." „Ich fühle mich gereizt." „Ich bin glücklich." „Ich bin stolz." „Ich fühle mich optimistisch."
„Ich fühle mich gekränkt, wenn du unser Gespräch
ständig durch die Annahme von Telefonaten unter-
brichst. Lass es bitte klingeln. Oder schalte dein

Handy einfach mal aus." Oder auch: „Es ist spät. Ich fühle mich müde. Ich habe jetzt keine Kraft mehr für eine Aussprache. Lass sie uns morgen früh machen." Diese letztgenannte Option sollte jedoch logischerweise nicht zur täglich wiederholten Formel werden!

Die klare Kommunikation ist für das Paar lebenswichtig. Zur Existenzgrundlage des Menschen gehört sein Verlangen, dem Wort des Geliebten/der Geliebten vertrauen zu können. Wer klar denkt, der spricht klar. „Die Sprache ist", so der Philosoph Hegel (1770–1831), „der Leib des Denkens". Fragen und Antworten sind die ersten Denkakte. Liebe ist Wissen. Infolgedessen ist die Kunst des Fragens unerlässlich für unsere Liebesarbeit. Gut fragen heißt viel wissen. Schließlich ist der andere ein dunkler, unbekannter Kontinent für mich, eine *terra incognita*. Jedes Fragen ist ein Suchen. Viele Paarkonflikte lösen sich in der Therapie allein dadurch, dass ich die Partner dazu auffordere, sich schlicht und einfach Fragen zu stellen, statt weiterhin die Negativbilder auf den anderen zu projizieren.

Das sieht dann etwa so aus: Der Ehemann sagt zu mir: „Meine Frau schläft selten mit mir. Meistens weist sie mich ab." Ich: „Warum tut sie das?" Der Mann: „Ich glaube, sie ist frigid." Ich: „Seltsam. Das höre ich in letzter Zeit öfters. Die Frigidität der Frauen scheint mit der Vogelgrippe eingeflogen zu sein." Der Mann: „Ich bin mir nicht sicher." Ich: „Hast du deine Frau schon einmal gefragt, warum sie mit dir nicht schläft?" Der Mann: „Nein." Ich: „Warum nicht?" Der Mann: „Weiß ich nicht." Ich: „Deine Frau sitzt jetzt neben dir. Ich glaube, sie spricht deutsch. Sie stammt doch von der Schwäbischen Alb, nicht wahr? Nutze die Gelegenheit, frag sie einfach." Die Frau lacht. Der Mann fragt: „Warum schläfst du nicht mit mir?" Die Frau: „Weil du mich nur anschnauzt und nicht zärtlich bist."

Jetzt weiß der Mann Bescheid: Zärtlichkeit gegen Sex. Das ist ein sauberer Deal. Der Beischlaf am Abend beginnt mit dem Kuss am Morgen. So einfach ist das. Die Wahrheit eines Paares liegt unter dem Alltagswust verborgen. Sie kann durch Fragen entbunden werden. Der Philosoph Sokrates nannte diese Fragetechnik die „Hebammenkunst". Kein Wunder, seine Mutter Phainarete war Hebamme.

Wer fragt, macht sich klug. Johann Gottfried Herder sagte es (in *Völkerstimme*) auf anmutige Weise:

Sag o Weiser, wodurch du zu solchem Wissen gelangtest? – Dadurch, dass ich mich nie andere zu fragen geschämt.

Exaktes Sprechen und genaues Zuhören sind Präzisionsinstrumente hochprozentiger Kommunikation. Aus der Paarforschung wissen wir, dass Mann und Frau, wenn sie miteinander sprechen, über fünfzig Prozent des Gesagten nicht aufnehmen. Es geht auf dem kurzen Weg vom Mund des einen zum Ohr des anderen verloren, wie ein Koffer auf dem Linienflug.

Meine Schwester, die Diplompsychologin Dr. Maria Theresia Jung aus Konstanz, macht in unseren gemeinsamen Paarseminaren in Lahnstein die Paare immer wieder mit dem so genannten *Kontrollierten Dialog* vertraut. Um die Dialogfähigkeit zu trainieren, greift sie zur Drastik. Frau und Mann erhalten jeweils einen Geldfond. Er besteht aus einem größeren Papierschnipsel (ein Euro), einem mittleren (fünfzig Cent) und einem Minischnipsel (zehn Cent). Sie bittet das Paar, sich auf ein Thema zu einigen. Dann beginnt etwa die Frau den Dialog. Was sie sagt, soll klar und knapp sein. Denn der Mann muss ihre Aussage erst zusammenfassend wiederholen, bevor er zu seiner Erwiderung ansetzen kann. Ist sie völlig zufrieden, gibt sie ihm mit lobenden Worten einen Euro, also das große Papierschnipselchen. Ist sie mäßig zufrieden, bekommt er die fünfzig Cent. Ist sie unzufrieden, bekommt er nur zehn Cent. Wenn er dialogisch total versagt hat, bekommt er gar nichts. Dann schaut er dumm in die Luft. Darauf ist sie wieder dran und muss erst einmal sein Statement zusammenfassend wiederholen. Er bewertet und belohnt aus seinem Geldtopf, ob sie ihn gut, befriedigend, genügend oder ungenügend gespiegelt hat. Und so weiter.

Maria Theresia und ich spielen den Kontrollierten Dialog am Anfang vor. Wir nehmen das leidige Haushaltsthema. Maria Theresia sagt: „Wir sind beide berufstätig. Ich arbeite sogar länger als du, aber du tust keinen Streich im Haushalt. Schlimmer noch: Du verstreust deine Klamotten im ganzen Haus, latschst mit dreckigen Gartenstiefeln durch das Wohnzimmer und machst in der Küche einen Saustall. Ich bin stinksauer. Wenn das so weitergeht, schmeiße ich dich aus dem Haus. Es gehört immerhin mir. Ich habe eine Riesenwut auf dich." Dann bin ich dran. Meine Zusammenfassung lautet: „Du bist ein bisschen unwillig. Du sagst, ich arbeite zu wenig im Haushalt mit. Das möchtest du geändert haben." Dann wende ich den Blick beleidigt ab. Das sind dürre Worte. Meine Schwester zeigt mir den Vogel. Ich bekomme nichts, gar nichts, nicht einmal einen Zehn-Cent-Schnitzel. Ich bin der Verlierer. Die Paare lachen. Aus gutem Grund. Solche dialogischen Luftnummern kennen sie von zu Hause.

Natürlich soll das Paar den Kontrollierten Dialog daheim nicht bis in alle Ewigkeiten sklavisch nachmachen. Es muss nur das Prinzip begreifen, sich genau zu versichern, was der andere gesagt und gemeint hat, anstatt ihm Feindseligkeit und Vorwürfe zu unterstellen. Wir alle neigen zu manipulativem Sprechen. Das gilt es zu erkennen und zu ändern.

Der große verstorbene Paartherapeut und Arzt Michael Lukas Moeller nennt das in seinem Buch *Die Wahrheit beginnt zu zweit* das „kolonialisierende" und „okkupierende" Sprechen. Es ist eine Art gewaltsamer Landnahme, eine kommunikative Vergewaltigung des anderen. Er setzt dagegen die Technik des *Zwiegesprächs*. In meinem Buch *Das sprachlose Paar* (emu-Verlag) habe ich das ausführlich gewürdigt. Ich will mich daher hier nur auf das Wesentliche beschränken. Ich habe es einen „Büchsenöffner für die Seele" genannt.

Moeller, der Paare oft jahrelang in die Kunst dieses erlesenen Paardialogs unterwiesen hat, setzt für das Zwiegespräch eineinhalb Stunden an. Da uns diese Zeit zum rhetorischen Paartraining nicht zur Verfügung steht, empfehlen Maria Theresia und ich, es auf eine Stunde zu begrenzen. Richtig durchgeführt entwickelt sich das Paargespräch zum Hohelied der

Liebe. Bei geübten Paaren erreicht das Gespräch einen Grad von Genauigkeit und Makellosigkeit, der erschütternd ist. Diese Sprache der Liebe ist, ähnlich wie der körperliche Liebesakt, voller Anmut, Resonanz, Wertschätzung und Vertrauen.

Der erste Schritt besteht darin, Themen für das Zwiegespräch zu sammeln. Sie sollten Grundsätzliches wie Praktisches, Strittiges wie Übereinstimmendes, Oberflächliches wie Tiefes beinhalten: Aufteilung unserer Hausarbeit. Die Gestaltung der Freizeit. Den Urlaub. Die Kindererziehung. Erotik und sexuelle Phantasien. Die Pflege der Freundschaften. Den Dauerstreit. Kindheit und Familienprägung. Beruf. Sehnsucht. Gesundheit. Geld. Umgang mit Eltern und Schwiegereltern. Je konkreter die Themen sind, desto besser gelingt ihre Durcharbeitung.

Der zweite Schritt besteht in einem sorgfältigen „Setting". Das ist ein Begriff aus der Psychotherapie. Er meint die räumliche, körpersprachliche und emotionale Gestaltung der Gesprächssituation. Wir sitzen uns beim Zwiegespräch unmittelbar gegenüber, so dass sich die Kniescheiben fast berühren. Wir sind in konzentriertem Blickkontakt. So, als ob ich meinem Kind sage: „Ich muss etwas Wichtiges mit dir besprechen. Nein, spiel jetzt nicht herum. Setz dich hin und schau mir in die Augen. Ich liebe dich doch." Beim Zwiegepräch essen wir nicht, trinken wir nicht, stricken wir nicht, gehen wir nicht ans Telefon und ignorieren das Klingeln der Haustüre. Jede Unterbrechung wäre kontraproduktiv. Wir beide sind wie unter einer bergenden Glasglocke eingeschlossen. Diese Stunde gehört ganz uns. Das Geheimnis der Stille beschützt unser Sprechen.

Der nächste Schritt ist der ritualisierte Ablauf des Gesprächs. Rituale ordnen unser Leben – strukturierte Abläufe im Arbeitsalltag, am Feierabend, am Wochenende, beim Essen, bei Festen, Hochzeits- und Trauerzeremonien. Ebenso gliedern wir nun auch das Zwiegespräch wie die Sätze einer Symphonie. Der Ablauf des Zwiegesprächs ist immer gleich. Wir teilen die Stunde in drei Mal zwanzig Minuten. Erst spricht beispielsweise die Frau. Sie hat als Senderin die ersten zwanzig Minuten für sich. Das ist eine kleine Ewigkeit. Endlich kann sie alles sagen, was sie schon immer zu diesem Thema ausdrücken wollte. Dabei lauscht sie tief in sich hinein und gibt Ich-Botschaften. Am Ende staunt sie, was zu diesem Thema alles in ihr lag. Sie hat sich hebammenmäßig gleichsam selbst zum Thema entbunden.

Umgekehrt lauscht der Mann als Empfänger aufmerksam und ohne eine Störung. Er darf nicht fragen, nicht unterbrechen. Er hat die Gnade, einfach nur zuhören zu dürfen! Er braucht sich nicht, wie beim üblichen Wortwechsel, bereits zu überlegen, was er erwidern wird. Leider hat der Mensch keine Kiemen, sondern muss pausieren, um Luft zu holen. Meistens warten wir ja genau darauf, um dann wie ein Kamikazejäger in die Atempause unseres Gegenübers zu stürzen und die oratorische Initiative an uns zu reißen.

Sender und Empfänger sind also im Zwiegespräch hundertprozentig aufeinander eingestellt. Es gibt keine verzerrenden Zwischengeräusche. Wenn der Mann an der Reihe ist, erlebt er seinerseits die Wohltat dieses ruhigen, harmonischen Gesprächstaktes. Jetzt fühlt er in sich und fördert zum Thema Vergrabenes und längst Verdrängtes ans Tageslicht. Beim Thema Zärtlichkeit etwa erinnert er sich, dass er sich als kleiner Junge oft vergeblich nach Liebkosungen seiner Mutter gesehnt hatte. Es kommen ihm die Tränen. Er ist ganz bei sich. Auch er gibt ein Selbstporträt von sich. Er führt damit das Thema in unerwartete Tiefen.

Im Finale der letzten zwanzig Minuten gehen Mann und Frau in den Dialog. Sie bleiben beim Thema. Sie führen es wie die Coda eines Musikstücks zum kompositorischen Ende. Sie sind sich, ohne Schuldvorwürfe, nahe gekommen. Was bislang strittig war, ist anatomisch seziert, biografisch gedeutet, gefühlshaft sichtbar und geistig begreifbar geworden. Sie bilden die kleinste Selbsthilfegruppe der Welt.

Das Wunder dieser Begegnung, in der sich zwei Seelen nackt begegnen, liegt darüber hinaus in der durchgängigen Form der Ich-Botschaften begründet. Wir sprachen darüber. Statt zu sagen, „Du bestrafst mich damit, indem du mich vor den Kindern heruntermachst", sagt der Mann in der Form der Selbstoffenbarung: „Ich fühle mich gedemütigt und bestraft, wenn du mit mir vor den Kindern schimpfst". Statt zu sagen, „Du hörst mir ja nie zu, weil du mich für eine Idiotin hältst", bekennt die Frau: „Wenn du mir nicht zuhörst, fühle ich mich klein und dumm. Das sind meine alten Minderwertigkeitskomplexe. Geh liebevoll mit mir um."

Der letzte Schritt besteht darin, sich über die Häufigkeit des Zwiegespräches klar zu werden. Das ist ein wichtiger Punkt. Wenn ein Paar sie nicht im Terminkalender zu gleichbleibenden Zeiten ankreuzt (jeden ersten Samstag im Monat, 17.00 bis 18.00 Uhr), dann „vergisst" es meist diese Termine. Also drücken wir uns unbewusst vor einer so wahrhaftigen Begegnung. Wir schieben zeitliche Gründe vor. Tatsächlich geht es um unsere Angst vor der Klarheit, Wahrhaftigkeit und Berührung im Zwiegespräch. Das alte manipulative Sprechen ist leichter und vertrauter. Wenn ein Paar sich in einer aktuellen Krise befindet, sollte es vorübergehend einmal pro Woche ein Zwiegespräch durchführen. Ansonsten empfehlen wir ein Zwiegespräch pro Monat. Das sind immerhin zwölf gewichtige Paargespräche im Laufe eines Jahres.

Das Zwiegespräch ermöglicht die „Selbstgeburt des Paares" (Moeller). Denn vergessen wir nicht, jeder von uns hat vierundzwanzig Stunden „Kino im Kopf", bis in die Träume seiner Nächte hinein. Doch wie wenig sprechen wir darüber. Jeder von uns lebt im ständig wechselnden Bewusstseinsstrom von Gefühlen, Impressionen, körperlich-geistigen Erschütterungen. Im letzten Kern unserer prozessualen Existenz sind wir einsam. Unsere Einsamkeit schreit nach Verständigung. Sprachlosigkeit macht uns zu Emigranten inmitten unserer Beziehung.

Der häufigste Satz, den ich im Sprechzimmer höre, lautet: „Mein Partner versteht mich nicht." Nur im Sprechen beugen wir der Abstumpfung in der Partnerschaft vor. Wir akzeptieren die Unkenntnis des anderen und die eigene. Wir erhalten Auskunft. Wir lernen, unsere Beziehungsspiele zu durchschauen. Wir vermenschlichen uns, indem wir reden. Wir sprechen in Gefühlen und Bildern statt in Begriffen. Wir machen uns für unsere eigenen Gefühle verant-wortlich, statt den anderen zum Sündenbock unseres Elends zu stilisieren („Du machst mein ganzes Leben kaputt"). Zwiegespräche sind Selbstdarstellungen und Fremdwahrnehmungen in einem. Sie sind kostenlose Selbsttherapie und Wachstumsverstär-kung. Sie befördern *Paarevolution*. Sie sind Aus-gangspunkt für neue *Paarsynthesen* auf höherem Niveau.

Erika und Horst lernten das Zwiegespräch schätzen. Erika neigte, wie erinnerlich, dazu, ohne Punkt und Komma zu reden und sich damit einzunebeln. Auf sie traf das Wort von Nietzsche (in *Jenseits von Gut und Böse*) zu: „Viel von sich reden, kann auch ein Mit-tel sein, sich zu verbergen." Horst wiederum verbarg sich im Schweigen. Ihre Zwiegespräche stellten nun eine ausgewogene oratorische Ökonomie her.

Erika und Horst begannen, wie viele Paare, die Tech-nik des Zwiegesprächs schöpferisch zu variieren. Manchmal setzten sie sich dreimal fünf Minuten zusammen, um kurz und schnell einen Sachverhalt emotional und intellektuell zu klären. Erika lernte dabei, sich kurz zu fassen und sich damit aber auch klar verstanden und respektiert zu fühlen. Sie hatte ja nur so unendlich viel geredet, w e i l sie sich von

Horst nicht verstanden fühlte. Horst wiederum lernte durch das Zwiegespräch, seine Sprachlosigkeit und Verpanzerung aufzubrechen, zu sich selbst weicher zu werden. Nun begann er, seine eigene und Erikas Lebendigkeit zu fühlen.

Horst folgte damit einer Beobachtung des Psychologen Erich Fromm (in *Ethik und Politik*): „In Wirklichkeit besteht das Problem des Lebens nicht darin, glücklich zu sein, sondern lebendig zu sein. Ob man sich freudig oder traurig erlebt, ist gegenüber dem Gefühl lebendig zu sein, zweitrangig."

Meine Sprache – meine Seele:
Das Orchester von Geist und Körper

*Mehr als die Schönheit selbst bezaubert die liebliche
Stimme.
Jene zieret den Leib, sie ist der Seele geweiht.*
                        Johann Gottfried Herder

Das gelungene Zwiegespräch zeigt, eine gute Beziehung ist wie ein Tanz. Sie baut sich nach ähnlichen
Regeln auf. Die Beziehung wie auch das Sprechen
ergeben sich nicht von selbst. Sie wollen erlernt und
gepflegt werden. Dabei sind wir Kinder unserer
Herkunft. Der eine stammt aus einem armen, der
andere aus einem reichen Sprachmilieu.

Mein eigenes Interesse an Sprache, Beziehung und
Büchern kommt natürlich nicht von ungefähr. Ich
hatte das Glück eines kulturell interessierten Eltern-
hauses. Meine Ärzte-Eltern waren beide sprachge-
wandt, neugierig, witzig und warmherzig. Das
haben wir vier Kinder uns abgeschaut. Wir alle lieben bis heute die instrumentelle Präzision des Werk-
zeugs Sprache, das Wortspiel, die schnelle Assozia-

tion, das verbale Herantasten an unser Gegenüber und die Schlagfertigkeit. Als etwa siebenjähriger Junge prahlte ich eines Tages vor meinen beiden älteren Brüdern, ich könne schon schwimmen, ja sogar tauchen. und zwar weit bis zum Schiffspfahl im Bodensee hinaus. Natürlich stimmte das eine noch weniger als das andere – und meine Geschwister wussten das. Also forderten sie mich auf, es ihnen zu beweisen. Sie boten mir sogar Geld dafür an. In meiner Not besann ich mich auf ein Wort meiner sprachgewandten Mutter. Ich sagte dreist: „Ich fühle mich heute indisponiert." Meine Brüder waren so beeindruckt, dass sie von mir abließen . . .

Meine Sprache ist meine Seele. Sie konserviert das, was mir positiv geschenkt wurde – oder negativ widerfahren ist. „Der Stil ist der Mensch" („le style c'est l'homme"), sagen die Franzosen. Falls ich in einem liebevoll-offenen Elternhaus aufgewachsen bin, habe ich gelernt, meine Gefühle frei zu erleben und sie offen auszudrücken. Ich habe geweint vor Trauer, gewütet vor Ärger und gelacht vor Glück, ich sprach impulsiv, phantasievoll, zutraulich. Erwachsen geworden ist meine Sprache wahrhaftig. Ich sage: „Ich spüre Wut", „Ich bin traurig", „Ich bin glücklich". Ich spreche lebendig und verstecke mich nicht verbal. Meine Mimik, mein Blick, meine Körpersprache spiegeln meine innere Verfassung. Meine Stimme ist situationsgerecht, bald sanft oder bestimmt, bald beruhigend oder auffordernd. Ich dirigiere ein je nach Temperamentslage stimmiges Orchester von Geist und Körper.

Schlimm ist der Spracherwerb in einem destruktiven Elternhaus. Da habe ich wenig Zuwendung erlebt. Es gab Sätze wie „Nimm dich bloß nicht so wichtig", „Nimm dir ein Beispiel an deinem Cousin, das ist ein ordentlicher Junge!" oder „Aus dir wird nie etwas". Die Körpersprache der Erwachsenen um mich war vielleicht drohend, übelwollend, einschüchternd. All diese Haltungen verinnerliche ich. Denn als Kind kann ich den Wahrheitsgehalt von Botschaften nicht beurteilen. Ich muss glauben, was die Erwachsenen sagen. Sie sind unerreichbar überlegen.

Wenn ich erwachsen bin, hat sich diese Haltung meist verfestigt. Jetzt benutze ich automatisch Sätze wie „Ich kann mich nicht entscheiden", „Ich weiß nicht, wie ich das machen soll" oder „Ich bin mir nicht sicher". Wenn die Elternsprache karg war, ist auch mein Vokabular armselig und ausdrucksschwach. Wenn ich mich als Kind gegen die verbal gewalttätigen Eltern nicht durchsetzen konnte und mich in Schweigen verkroch, so schweige ich jetzt auch als Erwachsener in kritischen Situationen, anstatt mich dem Partner wie ein Samurai im offenen

Kampf zu stellen. Konrad, der Sohn deutsch-polnischer Remigranten, erklärte mir: „Bei uns zu Hause herrschte beim Essen Stille wie in einer Kirche. Wenn ich sprach, hieß es, ‚Plappere nicht so viel‘. Das hat mir bis heute die Stimme verschlagen."

Was Konrad mir erst später und unter Scham gestand, war, dass ihn sein Vater mindestens einmal in der Woche mit einem Besenstil auf den nackten Hintern prügelte, so dass er in der Schule kaum sitzen konnte. Er beschimpfte ihn dabei als „Drecksau" und „Verbrecher". Das grub sich in Konrads Seele ein. Heinrich Böll sagte einmal: „Wer die Sprache liebt, weiß, dass sie das Menschlichste eines Menschen ist und darum auch schrecklichster Ausdruck seiner Unmenschlichkeit werden kann."

Das Orchester des Sprechens ist dreifach begründet. Es basiert auf der *Daseinsebene*, der *Verhaltensebene* und der *Leistungsebene*. Positiv stellt sich dem Kind die *Daseinsebene* dar, wenn die Eltern ihm in Wort und Gestik das „Vivat" signalisieren. Das heißt frei übersetzt: „Hurra, es soll leben!". Ein solches Kind bekommt die „Vier L" als Morgengabe seines Lebens geschenkt: Leben, Lieben, Lachen, Lernen.

Verdüstert ist hingegen die Daseinsebene, wenn das Kind in Tausenden von Botschaften die Katastrophenmeldung erhält „Du bist nicht willkommen, so wie du bist!".

Positiv erlebt das Kind die *Verhaltensebene*, wenn es spürt, die Eltern korrigieren mich, weil sie es gut mit mir meinen. Sie sagen etwa, „Du sollst nicht mit den Fingern essen, da halten dich die Menschen draußen für einen Neandertaler und wollen nichts mit dir zu tun haben. Sie wissen doch nicht, was für ein lieber Mensch du bist." Negativ ist die Verhaltensebene, wenn das Kind sich bei bösartigen Mahnungen der Eltern („Du bist schon wieder dreckig, du bist ein unmögliches Kind") auf seiner Daseinsebene negiert und abgewiesen empfindet.

Nicht anders ist es mit der *Leistungsebene*. Natürlich muss bereits das dreijährige Kind lernen, was leistungsmäßig gut und was schlecht ist. Wenn die Eltern ihm das liebevoll und auch manchmal etwas strenger beibringen, fühlt sich das Kind ernst genommen und verlässlich geführt. Wenn das in einem destruktiven Elternhaus abwertend geschieht, wird es auf das Kind wie ein Peitschenhieb heruntersausen: „Typisch, Maria! Wieder eine Fünf in Mathematik. Ich habe es ja auch nicht anders von dir erwartet. Du bist eine Niete." Maria weint. Sie geht, im schlimmsten Fall, später als „Niete" durchs Leben.

Es ist wichtig, dass wir unsere *Sprechbiografie* erkunden. Wir können dann ein besseres Sprachverhalten einüben. Wir sollen uns Fragen beantworten wie: Neige ich zum Passivsprechen? Sage ich etwa ständig, „Das Leben hat mir übel mitgespielt", „Mir wird immer Unrecht getan" oder „Keiner liebt mich"? Neige ich zum zögerlichen Konjunktiv – „Ich würde so gern", „Ich hätte doch besser", „Ich würde meinen", „Ich könnte vielleicht" oder „Ich müsste"? Warum erlaube ich es mir nicht einfach, zu meinen, zu können und zu müssen?

Der Konjunktiv ist die Leideform, das Passiv des Lebens. Wer passiv ist, kurvt in der Warteschleife. Er wartet, was andere tun. Er geht so lange um den heißen Brei, bis er kalt wird. Man kann das auch mit dem chinesischen Sprichwort ausdrücken: „Wer am Brunnenrand wartet, bis das Wasser aus der Tiefe hochsteigt, wird verdursten."

Wer sich sprachlich ununterbrochen rechtfertigt oder umgekehrt unentwegt Schuldzuweisungen trifft („Mein Vater ist schuld, dass aus mir nichts geworden ist") und sich hinter das unpersönliche Fürwort flüchtet („Man darf als Frau nicht aggressiv sein"), der droht am Ende, auf einem Haufen ungelebten Lebens sitzen zu bleiben. Gutes Sprechen basiert auf Ebenbürtigkeit, Lebensfreude und Selbstbewusstsein. Wer nie lobt, der ist sprach- und verhaltensgestört. Wer Lob nicht annehmen kann, ist es ebenfalls. Mark Twain (1835–1910) sagte: „Ich kann zwei Monate von einem netten Kompliment leben." Und: „Freundlichkeit ist eine Sprache, die Taube hören und Blinde lesen können."

Wie oft übermitteln unsere Worte eine völlig andere Botschaft als der Tonfall, in dem wir es sagen. Der Ton macht die Musik. Wir brauchen eine Kommunikationsethik des Sprechens und Zuhörens. Ein Egozentriker ist, wer nur zuhört, wenn er selbst redet. Ein Autist ist, wer überhaupt nicht zuhört, weder den anderen noch sich selbst. Meine Sprache verrät mich. Sie offenbart nicht nur meine Bildung. Dafür kann ich im Zweifelsfall nichts, weil die familiären und sozialen Umstände mich gehindert haben, sie mir kompetent anzueignen. Sprechen gibt aber auch einen Blick frei, ob ich Herzensbildung besitze oder seelisch stumpf bin, ob ich im Wortsinne sozial oder asozial bin.

Als man nach dem Sturz des rumänischen Diktators Ceauşescu die Kinder aus den armseligen Waisenhäusern des ausgebeuteten Landes befreite, saßen viele von ihnen eingenässt und eingekotet in ihren Gitterbetten. Einige von ihnen waren Idioten. Das ist nicht diskriminierend gemeint. Das ist ein medizinischer Ausdruck. Er stammt vom altgriechischen Wort *idios*, das heißt *eigen*. Diese Kinder waren in ihrer eigenen Welt fixiert. Keiner hatte mit ihnen gesprochen, folglich konnten sie auch nicht sprechen. Sie wurden ihrer Sprache und damit des Denkens beraubt. Karl Kraus (1874–1936), der große Purist der Sprache, erkannte: „Die Sprache ist die Mutter, nicht die Magd des Gedankens."

Vergessen wir über das viele Sprechen nicht den Gegenpart, das *Schweigen*. Es ist im Kosmos der Kommunikation unersetzlich. Jedes Verhalten hat Mitteilungscharakter. Das Schweigen kann eine negative oder eine positive Art des Kommunizierens sein. Wenn ich zum Beispiel, Angsthase, der ich bin, im Wartezimmer meines Zahnarztes sitze, bin ich sprachfaul, unfreundlich und verschlossen. Da kommt mir so ein Klatschmaul, das konversieren will, gerade recht. Ich setze mein abweisendstes hochmütigstes Gesicht auf und stelle mich sterbenskrank. Friedemann Schulz von Thun würde meine Kommunikationsverweigerung so deuten: „Fangen Sie bloß kein Gespräch mit mir an!" (Appell). „Sie sind kein angemessener Gesprächspartner für mich" (Beziehung). „Ich will meine Ruhe haben" (Selbstoffenbarung).

Auf die bohrende Nachfrage „Haben Sie auch Zahnschmerzen?" verweigere ich jegliche Antwort. Meinen Mund öffne ich erst im Behandlungsstuhl! Selbst die Sachebene verweigere ich im Wartezimmer! Schweigen ist in diesem Fall Notwehr. Not kennt bekanntlich kein Gebot und keine Höflichkeitsfloskeln. Schweigen aus Notwehr ist ein verbaler Notausgang.

Natürlich können wir auch schüchtern schweigen. Sokrates, der schwule Philosoph, forderte einen hübschen, schweigsamen jungen Mann auf: „Rede, damit ich dich sehen kann!". Wie enttäuscht wäre er wohl gewesen, wenn dieser den Mund geöffnet und einen ordinären Dialekt gesprochen hätte. Dann hätte auch Sokrates nicht länger seine Schönheit sehen können. Denn das verwahrloste Sprechen macht uns hässlich, die schöne Rede schmückt uns wie ein guter Stoff. Ein Schwein mit einem goldenen Halsband bleibt immer noch ein Schwein.

Reden ohne Schweigen wird zum Geschwätz. Gemeinsam zu schweigen kann dagegen ein Labsal sein. In der Paartherapie bitte ich Frau und Mann oft, sich einmal nur fünf Minuten gegenüberzusetzen und sich in die Augen zu schauen. Ich verlasse dann den Raum. Wenn ich zurückkomme, sehe ich das Paar ergriffen und voller Ernst. Sie haben sich wahrgenommen. Ihre Seelen haben sich geküsst. Charlie Chaplin schrieb in seiner Autobiografie nach einem langen, erfüllten Leben, dass es für ihn kein größeres Glück gäbe, als mit seiner Frau Oona auf einer Bank seines Gartens schweigend zu sitzen und auf den Genfer See hinauszuschauen. Das sei Glück und Liebe pur.

Ernest Hemingway (1899 – 1961) befand: „Man braucht zwei Jahre, um Sprechen zu lernen und fünfzig, um Schweigen zu lernen." Ich bin sicher, je klarer ein Paar miteinander zu sprechen lernt, desto besser kann es auch wohlwollend gemeinsam schweigen. Was gesagt werden musste, ist gesagt. Es ist sich transparent geworden.

Die Psychologin Harriet Lerner resümiert in ihrem Buch *Magie der Worte. Vom gegeneinander Schweigen zum miteinander Reden:* „Unsere Gespräche erschaffen uns. Durch unser Reden oder unser Schweigen kann unser Selbst größer oder kleiner werden. Durch unser Reden oder unser Schweigen setzen wir einen anderen Menschen herab oder bringen ihn weiter, und wir verengen oder erweitern die Möglichkeiten zwischen uns. Wie wir unsere Stimme einsetzen, bestimmt die Qualität unserer Beziehungen, wer wir in der Welt sind und was die Welt sein und werden kann."

Nutzen wir alle Tasten unseres oratorischen Klaviers. Damit die Musik schön und die Liebe klar wird.

Ein Verlag, ein Haus, eine Philosophie.

Millionen Bundesbürger kennen den kämpferischen Ganzheitsarzt Dr. Max Otto Bruker (1909 – 2001) aus dem Fernsehen, aus Vorträgen, durch den „Mundfunk" überzeugter Patienten. Vor allem lesen sie aber die rund 30 Bücher des schwäbischen Humanisten und Seelenarztes. Mit einer Gesamtauflage von über drei Millionen Exemplaren ist Max Otto Bruker der wohl bedeutendste medizinische Erfolgsautor im deutschsprachigen Raum. Der – in der Nachfolge des Schweizer Reformarztes Bircher-Benner scherzhaft „Deutschlands Vollwertpapst" genannte – Massenaufklärer, langjährige Klinikchef und Ernährungsspezialist lehrt zwei fundamentale Erkenntnisse Patienten wie Gesunden: Der Mensch wird krank, weil er sich falsch ernährt. Der Mensch wird krank, weil er falsch lebt.

Hinter den Erfolgstiteln des emu-Verlages steht ein bedeutender Forscher und Arzt, eine Bewegung, ein Haus und tausende Schülerinnen und Schüler. 1994 wurde das „Dr.-Max-Otto-Bruker-Haus", das Zentrum für Gesundheit und ganzheitliche Lebensweise, auf der Lahnhöhe in Lahnstein bei Koblenz bezogen. Es stellt die äußere Krönung des Brukerschen Lebenswerkes dar: Der lichte Bau mit seinem Grasdach, den Sonnenkollektoren und den Wasserrecyclinganlagen, seinen Seminarräumen, dem Foyer mit der Glaskuppel und dem liebevollen Biogarten ist als Treffpunkt für all jene konzipiert, denen körperliche und seelische Gesundheit, ökologische und spirituelle Harmonie Herzensbedürfnis und Sehnsucht sind.

Hinter dem eleganten Halbmondkorpus mit dem markanten Grasdach verbirgt sich eine Begegnungsstätte für Gesundheitsbewusste, Seminarteilnehmer, Trost-, Ruhe- und Anregungsbedürftige.

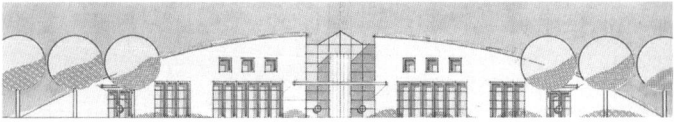

Das Dr.-Max-Otto-Bruker-Haus

Feste Termine:

Jeden Dienstag, 18.30 Uhr: Vortrag Dr. phil. Mathias Jung (Lebenshilfe und Philosophie)
Jeden Mittwoch, 10.30 Uhr: Fragestunde mit Dr. med. Birmanns (Ärztlicher Rat aus ganzheitlicher Sicht)

Ausbildung Gesundheitsberater/in GGB
Lebensberatung/Frauen-, Männer- und Paargruppen

Die vitalstoffreiche Vollwertkost hat ihre Verbreitung, auch im klinischen Bereich, durch die unermüdliche Information und praktische Durchführung von Dr. M. O. Bruker gefunden. Um die Erkenntnisse gesunder Lebensführung und die durch falsche Ernährung provozierte Krankheitslawine ins öffentliche Bewusstsein zu rücken, bildet die von ihm 1978 gegründete „Gesellschaft für Gesundheitsberatung GGB e.V." Gesundheitsberaterinnen und Gesundheitsberater GGB aus. Über 4000 Frauen und Männer haben bislang die berufsbegleitende Ausbildung bestanden und wirken in Volkshochschulen, Bioläden, Lehrküchen, Krankenhäusern, ärztlichen Praxen, Krankenversicherungen und ähnlichen Bereichen.

Auf der Lahnhöhe erhalten sie durch das GGB-Expertenteam nicht nur eine sorgfältige Grundlagenausbildung über die vitalstoffreiche Vollwerternährung und den Krankmacher der „entnatürlichten" (denaturierten) Zivilisationsernährung (raffinierter Fabrikzucker, Auszugsmehle, fabrikatorische Öle und Fette, tierisches Eiweiß usw.), sondern gewinnen auch Einblick in die leibseelischen Zusammenhänge der Krankheiten.

Anfragen zur Gesundheitsberater-Ausbildung wie zu den Selbsterfahrungsgruppen, Lebensberatung, Paartherapie bei Dr. Mathias Jung und weiteren Tages- und Wochenendseminaren sowie Einzelberatung sind zu richten an die Gesellschaft für Gesundheitsberatung GGB e.V., Dr.-Max-Otto-Bruker-Str. 3, 56112 Lahnstein (Tel.: 0 26 21/91 70 10, 91 70 17, 91 70 18, Fax: 0 26 21/91 70 33).
E-Mail: seminare@ggb-lahnstein.de
Internet: www.ggb-lahnstein.de

Fordern Sie ebenfalls ein kostenloses Probe-Exemplar der Zeitschrift „Der Gesundheitsberater" an.

Von Dr. Jung sind im emu-Verlag bisher in der
„blauen reihe" erschienen:

Von Dr. Jung sind im emu-Verlag bisher in der „roten reihe" erschienen:

Von Dr. Jung sind im emu-Verlag bisher in der „gelben reihe" erschienen:

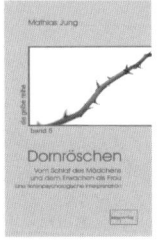

Von Dr. Jung sind im emu-Verlag bisher in der Sprechstunden-Reihe erschienen:

Von Dr. Jung sind im emu-Verlag bisher in der Sprechstunden-Reihe erschienen:

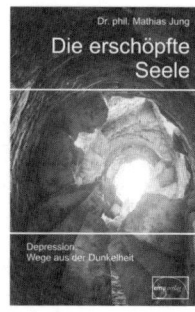

Von Dr. Jung ist im emu-Verlag eine Bibelinterpretation nach Walther H. Lechler erschienen:

Von Dr. Jung sind in Zusammenarbeit mit
der Grafikerin Andrea Montermann (Illustrationen)
folgende Titel erschienen:

Von Dr. Jung sind im emu-Verlag folgende Vorträge als Audiokassetten bzw. CDs erschienen:

Lebensberatung

o Mein Charakter – mein Schicksal?*
o Die erschöpfte Seele – Depression*
o Das Verdrängte in unserer Seele
o Die Wunde der Ungeliebten
o Das Nein in der Liebe
o Was ist der Sinn des Lebens?
o Meine Sprache – meine Seele
o Söhne brauchen Väter
o Krankheit als Kränkung und Anpassung
o Eifersucht – ein Schicksalsschlag?*
o Der Mann – ein emotionales Sparschwein*
o Geschwisterliebe Geschwisterrivalität*
o Verlassen und verlassen werden
o Neurodermitis – Fehlernährter Körper –
Aufgekratzte Seele
o Das sprachlose Paar*
o Zweite Lebenshälfte – Endlichkeit und Aufbruch
o Das Drama der Trennung*
o Ein Zimmer für mich
o Mut zur Angst
o Sexualität – Lust und Last
o Außenbeziehung – Krise oder Chance
o Liebesverträge in der Beziehung
o Lob der Einsamkeit
o Aggressionen unter Liebenden
o Mehr Zeit für mich
o Alkoholkrank: Der Betroffene und seine Familie
o Lebensbedingte Krankheiten nach Dr. M. O. Bruker
o Meditation: Freude Angst – Hoffnung

o Alter und Tod. Rätsel der Natur
o Verzeihen und Versöhnen*
o Frieden mit den Eltern
o Das Paar im Wandel: Jugend, Mitte, Alter
o Sexueller Missbrauch
o Seele – Sucht – Sehnsucht*
o Organtransplantation – Sterben auf Bestellung?
o Humor und Zärtlichkeit
o Suizid – der Betroffene und die Angehörigen
o Übergewicht – der Kampf mit dem eigenen Körper
o Das Rätsel psychosomatischer Krankheiten*
o Arbeit – Fluch oder Lebenselixier

Märchen

o Der kleine Prinz – mein verschüttetes Ich*
o Froschkönig – Glück und Zähneklappern der Liebe
o Das verletzte Kind in mir oder Hans mein Igel*
o Sein und Schein oder Des Kaisers neue Kleider
o Schneewittchen oder Das Drama des Neides
o Siddharta: das Rätsel des Lebens*
o Eisenhans oder Wie ein Mann ein Mann wird
o Das tapfere Schneiderlein oder Mut zum Leben
o Eigensinn oder Die Möwe Jonathan
o Elternablösung – Hänsel und Gretel*

Philosophie

Literatur

* auch als CD erhältlich